Dr. Oetker

WINTER GRILLEN

WINTERGRILLEN

Grillen – nur ein Sommerthema? Die Tendenz geht zur Zweitsaison!

Geschmacklich hat der Grill im Winter dann doch etwas anderes zu bieten als im Sommer. Hier spielen Wintergemüse am Spieß mit Rosenkohl und Porreestücke im Speckmantel in der 1. Liga mit. Eingewechselt werden können Grünkohl-Kohlwurst-Fackeln, Schweinekoteletts mit Schwarte und geknebelte Peperoni. In der Frauenmannschaft werden eher die leichteren Genüsse aufgestellt. Gesetzt sind auf jeden Fall: gegrillte Röllchen von der Putenbrust, Riesengarnelen-Früchte-Spieße und Fontina-Kürbis-Päckchen. Für die Juniorenmannschaft halten sich Stockbrot, Madras-burger und Mettbällchen-Gemüse-Spieße bereit.

Im Betreuerteam finden die Mitspieler mit dem Nudelsalat, der Halloween-BBQ-Sauce und der Pfefferkuchenmarinade die perfekte Unterstützung. Ist eine Verlängerung des Spiels in Aussicht, geben Bratapfel oder Schokobanane vom Grill noch einen süßen Energieschub.

Nach dem Turnier treffen sich alle warm eingepackt zu Feuerzangenbowle und heißem Kinderpunsch am Feuerplatz. Jetzt ist am wärmenden Lagerfeuer Kuschelromantik angesagt.

Alle Rezepte wurden von uns ausprobiert und so beschrieben, dass sie Ihnen sicher gelingen.

PUR GEGRILLT & MARINIERT

SAFTIG BODENSTÄNDIG UND VEGETARISCH LEICHT, VOM STEAK BIS ZUM WINTERGEMÜSE

SCHWEINEKOTELETTS MIT SCHWARTE

UND KARAMELLISIERTEM KRAUT

Für das Kraut:
1 Weißkohl (etwa 1 ¼ kg)
2 Zwiebeln
4 EL Speiseöl, z. B. Rapsöl
100 g Zucker
300 ml Gemüse- oder Fleischbrühe
100 ml Weißweinessig
Salz
gem. Pfeffer
1 TL Kümmelsamen

10 Schweinekoteletts (mit Schwarte, je etwa 180 g, beim Metzger vorbestellen)
etwas Speiseöl, z. B. Rapsöl
2 EL mittelscharfer Senf
grob gem. bunter Pfeffer

1. Für das Kraut den Weißkohl putzen, achteln und den Strunk herausschneiden. Den Kohl abspülen, gut abtropfen lassen und in sehr feine Streifen hobeln oder schneiden.

2. Zwiebeln abziehen, halbieren und in Würfel schneiden. Das Speiseöl in einem Bräter oder großen Topf erhitzen. Die Kohlstreifen und Zwiebelwürfel darin andünsten (beides darf ein wenig Farbe nehmen). Den Zucker daraufstreuen, mit einem Holzkochlöffel unterrühren und hellbraun karamellisieren lassen.

3. Brühe und Essig hinzugeben und unterrühren. Das Kraut mit Salz, Pfeffer und Kümmel würzen und etwa 30 Minuten garen. Das Kraut nach Bedarf nochmals mit Salz, Pfeffer und Kümmel abschmecken. Das Kraut warm halten.

4. Die Schweinekoteletts mit Küchenpapier trocken tupfen und die Schwarte 5–6-mal einschneiden. Die Schweinekoteletts leicht salzen, mit ein wenig Speiseöl einstreichen und auf den gefetteten Grillrost des heißen Grills legen, etwa 35 Minuten grillen, dabei die Koteletts mehrmals wenden, damit sie nicht zu dunkel werden.

5. Die gegrillten Koteletts sofort mit dem Senf bestreichen, evtl. zugedeckt nochmals kurz ruhen lassen (dabei warm halten). Die Schweinekoteletts mit dem Pfeffer bestreuen und mit dem karamellisierten, warmen Kraut reichen.

Zubereitungszeit: 80 Minuten | Grillzeit: etwa 35 Minuten | 10 Portionen | Pro Portion: E: 41 g, F: 16 g, Kh: 15 g, kJ: 1554, kcal: 370, BE: 1,0

Tipp: Zum Wenden der Schweinekoteletts ist die Grillzange ein praktischer Helfer. Ungeeignet sind Fleischgabeln. Der Stich ins Fleisch hat das Austreten des Fleischsaftes zur Folge und die Koteletts werden trocken.

GEGRILLTER SALAT MIT KÄSE

3 Romana-Salatkopfherzen
125 g Kräuterbutter (1 Rolle)
100 g fein ger. Cheddar-Käse oder alter Gouda
Salz
gem. Pfeffer
6 TL Crema di Balsamico

1. Die Salatkopfherzen putzen, unter fließendem kalten Wasser abspülen und gut abtropfen lassen. Die Salatkopfherzen halbieren und die Hälften leicht aufspreizen, damit sich die Butter beim Grillen besser im Salat verteilen kann. Die Butter in 18 dünne Scheiben schneiden.

2. Dann die Salathälften mit den Schnittflächen nach unten auf den gefetteten Grillrost des Grills (am Rand, wo die Hitze nicht zu stark ist oder in gefettete Grill-Aluschalen) legen und 2–3 Minuten grillen.

3. Ist der Salat leicht gebräunt, die Salathälften wenden und mit jeweils 3 Kräuterbutterscheiben belegen. Geriebenen Käse daraufstreuen (dabei darauf achten, dass kein Käse in die Glut fällt), mit Salz und Pfeffer würzen und weitere etwa 3 Minuten grillen.

4. Ist der Käse leicht geschmolzen, die Salathälften vorsichtig vom Grill nehmen und auf eine Platte oder einen Teller legen. Gegrillten Salat mit etwas Crema di Balsamico beträufeln und servieren.

Zubereitungszeit: 15 Minuten | Grillzeit: 5–6 Minuten | 6 Portionen |
Pro Portion: E: 5 g, F: 19 g, Kh: 4 g, kJ: 836, kcal: 202, BE: 0,5

TIPPS

Anstelle von Cheddar-Käse kann man den Salat auch mit dünnen Mozzarella-Scheiben belegen und mit Pesto bestreichen. Zerläuft der Käse nicht richtig auf dem Salat, einfach mit etwas Alufolie zudecken. Wer kann, schließt den Grill für 2–3 Minuten. Anstelle von Romana-Salatherzen kann auch Radicchiosalat verwendet werden.

MARINIERTE HIRSCH- UND REHSTEAKS

12 Hirsch- und Rehsteaks
(Keule oder Rücken, je etwa 80 g)

Für die Marinade:
8 Wacholderbeeren
2 Knoblauchzehen
1 kleines Bund glatte Petersilie
2 Stängel Oregano
1 Stängel Basilikum
125 ml Olivenöl
abgeriebene Schale und Saft
von 1 Bio-Zitrone
(unbehandelt, ungewachst)
1 EL Instant-Espressopulver
½ TL Salz
½ TL gem. Pfeffer
½ TL Cayennepfeffer
½ TL gem. Piment

12 Scheiben
Frühstücksspeck (Bacon)

1. Die Steaks mit Küchenpapier trocken tupfen, evtl. von Fett und Sehnen befreien.

2. Für die Marinade Wacholderbeeren zerdrücken. Knoblauchzehen abziehen und durch eine Knoblauchpresse drücken. Petersilie, Oregano und Basilikum abspülen, trocken tupfen und die Blättchen von den Stängeln zupfen. Die Blättchen fein hacken.

3. Alle Zutaten für die Marinade gut verrühren. Die vorbereiteten Steaks in die Marinade geben und über Nacht zugedeckt im Kühlschrank marinieren.

4. Die marinierten Steaks mit je einer Scheibe Speck umwickeln, diese evtl. mit Küchengarn festbinden.

5. Die Steaks auf den gefetteten Grillrost des heißen Grills legen und bei nicht zu starker Hitze 4–5 Minuten von jeder Seite grillen. Dabei die Steaks mehrmals mit der Marinade bestreichen, damit sie nicht zu trocken werden. Die Steaks evtl. mit Salz nachwürzen.

Beilage: Dazu Baguette und einen gemischten Salat servieren.

Zubereitungszeit: 10 Minuten | Marinierzeit: etwa 1 Tag (mindestens etwa 12 Stunden) | Grillzeit: 8–10 Minuten | 6 Portionen | Pro Portion: E: 38 g, F: 13 g, Kh: 0 g, kJ: 1138, kcal: 273, BE: 0,0

GEGRILLTE KANINCHENKEULEN

10 Kaninchenkeulen (je etwa 200 g)
2 Bio-Orangen (unbehandelt, ungewachst)
2 Bio-Zitronen (unbehandelt, ungewachst)
1 Topf Thymian
gem. Pfeffer
4 EL Olivenöl

Für den Salat:
5 Köpfe Radicchiosalat (etwa 1 ¼ kg)
6 EL weißer Balsamico-Essig
1 EL mittelscharfer Senf
Salz
½ TL Zucker
8 EL Olivenöl

1. Die Kaninchenkeulen unter fließendem kalten Wasser abspülen, trocken tupfen und jeweils in 2–3 Stücke teilen (evtl. schon geteilt beim Metzger vorbestellen).

2. Die Zitrusfrüchte heiß abwaschen, abtrocknen und mithilfe eines Julienneschneiders oder Zestenreißers feine Streifen von der Orange und Zitrone abziehen oder die Schale von den Zitrusfrüchten fein abreiben. Orange und Zitrone halbieren und den Saft auspressen.

3. Thymian abspülen, trocken tupfen, die Blättchen von den Stängeln zupfen und die Blättchen fein hacken. Thymian mit Zitrusstreifen oder Zitrusschale, Zitrussaft, Pfeffer und Olivenöl vermischen.

4. Die Kaninchenstücke in eine Schale legen und mit der Marinade übergießen. Die Kaninchenstücke zugedeckt etwa 60 Minuten in den Kühlschrank stellen.

5. Für den Salat Radicchiosalat putzen, abspülen und gut abtropfen lassen. Den Salat zuerst in einzelne Blätter, dann in mundgerechte Stücke zupfen.

6. Balsamico-Essig mit Senf verrühren, mit Salz, Pfeffer und Zucker würzen. Olivenöl unterschlagen.

7. Die marinierten Kaninchenstücke abtropfen lassen, mit Salz würzen, auf den gefetteten Grillrost des heißen Grills legen, bei nicht zu starker Hitze 20–30 Minuten grillen, dabei die Stücke mehrmals wenden, damit sie nicht zu dunkel werden.

8. Radicchio mit der Salatsauce mischen und zu den gegrillten Kaninchenkeulen reichen.

Zubereitungszeit: 70 Minuten | Marinierzeit: etwa 60 Minuten | Grillzeit: 20–30 Minuten | 10 Portionen |
Pro Portion: E: 36 g, F: 14 g, Kh: 4 g, kJ: 1205, kcal: 288, BE: 0,2

ANTIPASTI VON WINTERGEMÜSE

2 Knollen Rote Bete
2 dicke Möhren
1 Kohlrabi
1 Pastinake
1 kleiner Hokkaido- oder Butternusskürbis
2 Knoblauchzehen
8 EL Erdnussöl

20 Knollen Topinambur
Salzwasser

5 Rosenkohlröschen
2 große Zwiebeln
½ TL Currypulver
1 Msp. gem. Zimt
1 Msp. Pfefferkuchengewürz
8 EL Sonnenblumenöl

Salz
gem. Pfeffer

8 EL Sherryessig
5 EL Erdnussöl

Außerdem:
10 Bambusspieße (etwa 10 cm lang, über Nacht in Wasser eingelegt)

1. Rote Bete, Möhren, Kohlrabi und Pastinake putzen, schälen, abspülen, trocken tupfen und schräg in 3–4 mm dicke Scheiben schneiden. Kürbis abspülen oder evtl. schälen, vierteln, Fasern und Kerne entfernen und in dünne Spalten schneiden. Knoblauch abziehen und durch eine Knoblauchpresse drücken.

2. Gemüse in einer ausreichend großen Schüssel mit Knoblauch und Erdnussöl vermischen, zugedeckt etwa 30 Minuten marinieren.

3. Inzwischen Topinambur unter fließendem kalten Wasser gründlich abbürsten. Salzwasser (Wasser mit reichlich Salz, das Wasser sollte versalzen schmecken) in einem Topf zum Kochen bringen. Die Knollen etwa 20 Minuten kochen, abgießen und ausdampfen lassen, bis sich eine Salzschicht bildet.

4. Rosenkohl putzen, in kochendem Salzwasser etwa 5 Minuten garen, mit kaltem Wasser abschrecken, abtropfen lassen und halbieren. Zwiebeln abziehen und in je 5 Scheiben schneiden. Curry, Zimt und Pfefferkuchengewürz mit dem Sonnenblumenöl verrühren. Je eine Rosenkohlhälfte und eine Zwiebelscheibe auf einen Spieß stecken (die Zwiebelscheiben sollen dabei nicht auseinanderfallen), mit dem Gewürzöl bestreichen und ebenfalls kurz ziehen lassen.

5. Marinierte Gemüse und Spieße abtropfen lassen, von beiden Seiten auf dem gefetteten Grillrost des heißen Grills 10–12 Minuten grillen, bis sich dunkle Spitzen zeigen. Während des Grillens das Gemüse mit Salz und Pfeffer würzen und mit den restlichen Marinaden bestreichen. Gemüse vom Grill nehmen, auf eine Servierplatte legen und sofort mit Sherryessig und Erdnussöl beträufeln.

6. Topinambur grillen, bis die Haut leicht eintrocknet und unter der Schale leicht Farbe annimmt.

Zubereitungszeit: 35–40 Minuten | Marinierzeit: etwa 30 Minuten | Grillzeit: 10–12 Minuten | 10 Portionen | Pro Portion: E: 5 g, F: 22 g, Kh: 15 g, kJ: 1156, kcal: 276, BE: 1,0

SCHWEINENACKENSTEAKS

MIT MALZBIER

500 ml Malzbier
10 Schweinenackensteaks (ohne Knochen, je etwa 180 g)
gem. Pfeffer
gem. Kümmel
3 EL Speiseöl, z. B. Sonnenblumenöl

Für die Rote-Bete-Beilage:
1 kg gegarte Rote Bete (vakuumverpackt)
60 g Butter
100 g Zucker
3 EL heller Balsamico-Essig
2 EL Crema di Balsamico
Salz

1. Das Malzbier in einen Topf gießen und langsam bei schwacher Hitze auf etwa ein Drittel einkochen. Die Malzbierflüssigkeit erkalten lassen.

2. Schweinenackensteaks mit Küchenpapier trocken tupfen, mit Pfeffer und Kümmel würzen. Die Malzbierflüssigkeit mit dem Speiseöl verschlagen und die Steaks damit bestreichen. Die Steaks in eine Schale legen und zugedeckt im Kühlschrank etwa 60 Minuten marinieren.

3. Die Rote-Bete-Knollen je nach Größe vierteln oder sechsteln. Butter in einem Topf zerlassen. Den Zucker daraufstreuen und karamellisieren lassen. Die Rote-Bete-Stücke hinzufügen und unter Rühren glacieren (überglänzen).

4. Rote Bete mit Essig, Crema di Balsamico, Salz und Pfeffer abschmecken und warm halten.

5. Die marinierten Steaks etwas abtropfen lassen, mit Salz würzen, auf den gefetteten Grillrost des heißen Grills legen, etwa 15 Minuten grillen, dabei die Steaks mehrmals wenden, damit sie nicht zu dunkel werden. Die Steaks zusammen mit dem warmgehaltenen Rote-Bete-Gemüse servieren.

Zubereitungszeit: 60 Minuten, ohne Abkühlzeit | Marinierzeit: etwa 60 Minuten | Grillzeit: etwa 15 Minuten |
10 Portionen | Pro Portion: E: 35 g, F: 32 g, Kh: 21 g, kJ: 2161, kcal: 515, BE: 2,0

Tipp: Damit der Geschmack der letzten Grillparty nicht am Rost hängen bleibt, vergessen Sie nicht, nach jedem Grillen den erkalteten Grillrost zu säubern. Mit einer Drahtbürste lassen sich die groben Verschmutzungen gut abbürsten. Dann einige Tropfen Spülmittel in warmes Wasser geben und den Rost damit reinigen.

MARINIERTES GEMÜSE

je 2 rote, gelbe und grüne Paprikaschoten (etwa 1 ½ kg)
4 Zucchini (etwa 1 kg)
3 Auberginen (etwa 1 kg)
2 Staudensellerie (etwa 1 kg)
400 g weiße Champignons
4 Knoblauchzehen
500 g Schalotten
3 Zweige Rosmarin
1 kleiner Topf Thymian

8 EL Olivenöl

Für die Marinade:
100 ml trockener Weißwein
100 ml Olivenöl
6 EL Rotweinessig
2 EL Balsamico-Essig
2 Lorbeerblätter
Salz
Zucker
gem. Pfeffer

Außerdem:
2 große Alu-Grillschalen (ohne Löcher oder die Grillschalen mit Alufolie auslegen und am Rand hochziehen)

1. Die Paprikaschoten vierteln, entstielen, entkernen und die weißen Scheidewände entfernen. Die Schoten abspülen, abtropfen lassen und in Stücke schneiden.

2. Zucchini und Auberginen abspülen, abtrocknen und die Enden bzw. Stängelansätze abschneiden. Zucchini und Auberginen längs vierteln und in etwa 1 cm dicke Scheiben schneiden.

3. Staudensellerie putzen und die harten Außenfäden abziehen. Sellerie abspülen und abtropfen lassen. Sellerie in etwa 3 cm lange Stücke schneiden. Champignons putzen und halbieren.

4. Knoblauch und Schalotten abziehen. Den Knoblauch in dünne Scheiben schneiden. Schalotten vierteln.

5. Kräuter abspülen, trocken tupfen, die Nadeln bzw. Blättchen von den Stängeln zupfen und grob hacken.

6. Das Olivenöl in einer großen Pfanne erhitzen. Das Gemüse darin portionsweise anbraten und dann in eine große Schüssel geben.

7. Für die Marinade Wein, Olivenöl, beide Essigsorten und Lorbeerblätter in einem Topf verrühren, aufkochen lassen, mit Salz, Zucker und Pfeffer abschmecken. Das gemischte Gemüse mit der Marinade begießen und erkalten lassen. Dann das Gemüse zugedeckt etwa 2 Stunden in den Kühlschrank stellen, dabei 2–3-mal umrühren.

8. Das Gemüse gemischt in den Grillschalen verteilen. Die Grillschalen auf den Grillrost des heißen Grills stellen und das Gemüse etwa 30 Minuten grillen, dabei gelegentlich umrühren.

Beilage: Dazu passt gegrilltes Knoblauchbrot.

Zubereitungszeit: 60 Minuten | Marinierzeit: etwa 2 Stunden | Grillzeit: etwa 30 Minuten | 10 Portionen | Pro Portion: E: 7 g, F: 19 g, Kh: 14 g, kJ: 1112, kcal: 266, BE: 0,5

GEGRILLTE HACKRÖLLCHEN

MIT ENDIVIENSALAT UND PUMPERNICKELBRÖSELN

Für die Hackröllchen:
1 ½ kg Gehacktes (halb Rind- und halb Schweinefleisch)
200 g Schafskäse
3 Eier (Größe M)
1 TL Paprikapulver (edelsüß)
¼ TL Chilipulver
1 EL gerebelter Thymian
Salz
gem. Pfeffer

Für den Salat:
240 g Pumpernickel
2 Köpfe Endiviensalat (etwa 800 g)
4 EL Weißweinessig
1 EL mittelscharfer Senf
8 EL Speiseöl, z. B. Sonnenblumenöl

1 große rote Zwiebel
330 g Ajvar (mild, aus dem Glas)

1. Für die Hackröllchen das Gehackte in eine große Schüssel geben. Den Schafskäse darauf zerbröseln. Eier, Paprika, Chili und Thymian hinzufügen. Die Zutaten gut vermengen, mit Salz und Pfeffer würzen.

2. Aus der Masse mit angefeuchteten Händen kleine Röllchen formen. Die Röllchen zugedeckt in den Kühlschrank stellen.

3. Für den Salat Pumpernickel klein schneiden, mit den Händen zerbröseln und in einer Pfanne unter Rühren leicht anrösten. Die Brösel auf einen Teller geben.

4. Endiviensalat putzen, abspülen und abtropfen lassen oder trocken schleudern. Den Salat in Streifen schneiden. Essig mit Senf verrühren, mit Salz und Pfeffer würzen. Das Speiseöl unterschlagen.

5. Die Zwiebel abziehen und fein würfeln. Ajvar und Zwiebelwürfel getrennt voneinander in Schälchen anrichten.

6. Die Hackfleischröllchen auf den gefetteten Grillrost des heißen Grills legen, 15–20 Minuten grillen, dabei die Röllchen immer wieder wenden, damit sie nicht zu dunkel werden.

7. Das Salatdressing nochmals verschlagen, mit den Salatstreifen vermischen. Den Salat mit den Pumpernickelbröseln bestreut, mit Ajvar und Zwiebelwürfeln zu den gegrillten Röllchen servieren.

Zubereitungszeit: 80 Minuten | Grillzeit: 15–20 Minuten | 10 Portionen |
Pro Portion: E: 37 g, F: 41 g, Kh: 14 g, kJ: 2404, kcal: 574, BE: 1,0

LAMMSTEAKS MIT HARISSA

8 Lammsteaks (aus der Keule, je etwa 180 g)

Für die Marinade:
180 g Harissa (scharfe Würzpaste)
2 EL Sesamöl
6 EL Olivenöl
gem. Pfeffer
einige Zweige Rosmarin

1. Die Lammsteaks mit Küchenpapier trocken tupfen und waagerecht einmal durchschneiden. Die Lammsteaks in eine Schale legen.

2. Für die Marinade Harissa mit Sesam- und Olivenöl verrühren und mit Pfeffer würzen. Rosmarin abspülen und trocken tupfen, die Nadeln von den Stängeln zupfen. Einige Nadeln zum Garnieren beiseitelegen. Restliche Nadeln unter die Marinade rühren.

3. Die Lammsteaks mit der Marinade bestreichen, zugedeckt einige Stunden, am besten über Nacht im Kühlschrank durchziehen lassen. Die Steaks nach einigen Stunden wenden.

4. Die Lammsteaks evtl. etwas abtropfen lassen, auf den gefetteten Grillrost des heißen Grills legen und unter mehrmaligem Wenden etwa 15 Minuten grillen.

Beilage: **Folienkartoffeln vom Grill.** Dazu 8 große Kartoffeln unter fließendem kalten Wasser gründlich abbürsten. Die Kartoffeln in kochendem Salzwasser etwa 20 Minuten vorgaren. Die Kartoffeln dann jeweils in einen leicht gefetteten Bogen Alufolie einwickeln und auf dem Grill weitere etwa 15 Minuten grillen, dabei gelegentlich wenden. Wenn die Kartoffeln gar sind, die Alufolie öffnen. Die Kartoffeln mit 2 Gabeln aufbrechen und mit Sauerrahm oder Kräuterbutter füllen.

Zubereitungszeit: 25 Minuten | Marinierzeit: etwa 1 Tag (mindestens etwa 12 Stunden) | Grillzeit: etwa 15 Minuten | 8 Portionen | Pro Portion: E: 37 g, F: 12 g, Kh: 1 g, kJ: 1071, kcal: 255, BE: 0,0

TIPP Marinaden geben dem Grillgut nicht nur Geschmack, sondern wirken auch als „Zartmacher“. Für eigene Marinadenideen sind Ihnen eigentlich keine Grenzen gesetzt. Damit Ihr Gegrilltes am Ende nicht überwürzt schmeckt und der Eigengeschmack verloren ist, würzen Sie in Maßen. Salzen Sie das zu Grillende erst kurz vor oder nach dem Grillen. Vor dem Grillen die Marinade immer gut abtropfen lassen, damit die Marinade nicht in die Glut tropft.

HÄHNCHENFLÜGEL
MIT ORANGEN-ESPRESSO-RUB

1 ¾ kg Hähnchenflügel
2 Pck. Dr. Oetker Finesse Orangenschalen-Aroma
2 TL Salz
2 TL geschroteter schwarzer Pfeffer
4 TL brauner Zucker
2 TL Instant-Espressopulver
1 TL gerebelter Thymian
1 TL gerebelte Petersilie

Außerdem:
2 Alu-Grillschalen
etwas Speiseöl zum Ausstreichen der Grillschalen

1. Die Hähnchenflügel unter fließendem kalten Wasser abspülen und mit Küchenpapier trocken tupfen. Die Flügel im Gelenk durchtrennen.

2. Orangenschalen-Aroma mit Salz, Pfeffer, Zucker, Espressopulver, Thymian und Petersilie vermischen. Die Hähnchenflügel mit der Gewürzmischung einreiben. Die Hähnchenflügel zugedeckt etwa 60 Minuten im Kühlschrank durchziehen lassen.

3. Die Hähnchenflügel in die Grillschalen (mit Speiseöl ausgestrichen) legen. Die Grillschalen auf den Grillrost des heißen Grills legen. Die Hähnchenflügel etwa 20 Minuten grillen, dabei zwischendurch wenden.

Zubereitungszeit: 35 Minuten | Marinierzeit: etwa 60 Minuten | Grillzeit: etwa 20 Minuten | 8–10 Portionen | Pro Portion: E: 19 g, F: 19 g, Kh: 4 g, kJ: 1081, kcal: 258, BE: 0,5

Tipp: Einweggrillschalen sind eine saubere Sache, wenn Sie zu Ihrem Grill keine Mehrweg-Grillschale besitzen. Damit nichts festklebt, die Grillschalen dünn mit etwas hitzebeständigem Speiseöl, z. B. Sonnenblumenöl ausstreichen. Ist die Marinade Ihres Grillguts sehr speiseölhaltig, ist ein Ausstreichen der Grillschale allerdings überflüssig.

AUFGE-SPIESST

EINFACH SPITZE, DIESE SOLO- UND MIXSPIESSE

WINTERGEMÜSE AM SPIEß

2 Fenchelknollen (etwa 580 g)
4 dünne Stangen Porree (Lauch)
8 mittelgroße Möhren (etwa 560 g)
1 Staudensellerie (etwa 550 g)
16 Schalotten (etwa 600 g)
Salzwasser

8 kleine Knoblauchzehen
einige Zweige Rosmarin
und Thymian
4 EL Speiseöl, z. B. Rapsöl
Salz
gem. Pfeffer

Für den Dip:
250 g Akazienhonig
2 EL Crema di Balsamico

Außerdem:
10 lange Grillspieße
(z. B. Bambusspieße etwa 30 cm lang, über Nacht in Wasser eingelegt, oder Metallspieße)

1. Die Fenchelknollen putzen, abspülen und abtropfen lassen. Die Porreestangen putzen, das dunkle Grün im oberen Bereich abschneiden. Die Stangen gründlich waschen und abtropfen lassen. Jede Stange in etwa 5 cm lange Stücke schneiden.

2. Die Möhren putzen und schälen. Staudensellerie putzen und die harten Außenfäden abziehen. Möhren und Selleriestangen abspülen, abtropfen lassen und ebenfalls in etwa 5 cm lange Stücke schneiden. Die Schalotten abziehen und längs halbieren.

3. Salzwasser in einem Topf zum Kochen bringen. Nacheinander die Gemüsestücke darin bissfest garen. Zuerst die Fenchelknollen 15–20 Minuten, dann die Staudensellerie- und Möhrenstücke und Schalotten etwa 5 Minuten und zum Schluss die Porreestücke etwa 1 Minute. Die gegarten Gemüsestücke in ein Sieb geben, mit kaltem Wasser abschrecken, abtropfen und abkühlen lassen.

4. Die Knoblauchzehen abziehen, durch eine Knoblauchpresse drücken oder fein hacken. Die Kräuterstängel abspülen und trocken tupfen. Die Blättchen und Nadeln von den Stängeln zupfen und fein schneiden. Knoblauch und Kräuter mit dem Speiseöl verrühren.

5. Die Fenchelknollen in Spalten schneiden und mit den vorbereiteten Gemüsestücken in bunter Reihenfolge auf die Spieße stecken.

6. Die Gemüsespieße mit dem Kräuteröl bestreichen, mit Salz und Pfeffer bestreuen. Die Spieße etwas abtropfen lassen und auf den gefetteten Grillrost des heißen Grills legen, insgesamt etwa 20 Minuten grillen, dabei die Spieße jeweils nach 5 Minuten wenden.

7. Für den Dip den Akazienhonig leicht erwärmen und mit Crema di Balsamico abschmecken. Den Dip auf die noch heißen, gegrillten Spieße streichen oder den lauwarmen Honigdip dazuservieren.

Zubereitungszeit: 80 Minuten | Grillzeit: etwa 20 Minuten | 10 Spieße | Pro Spieß: E: 3 g, F: 3 g, Kh: 29 g, kJ: 672, kcal: 160, BE: 2,0

BIFTEKI-SPIEẞE

MIT ORIENTALISCHER MÖHREN-SESAM-SUPPE

Zum Vorbereiten für die Bifteki:
100 g Bulgur (Hartweizengrütze)
250 ml heiße Gemüsebrühe

Für die Suppe:
4 Knoblauchzehen
1 Zwiebel
4 EL Olivenöl
4 EL geschälte Sesamsamen
2 Lorbeerblätter
je 6 Gewürznelken und Pimentkörner
je 2 Prisen gem. Koriander und Cumin (Kreuzkümmel)
2 Prisen grob geschrotete Chiliflocken
1 ½ kg TK-Möhrenscheiben
1 ½ l heiße Gemüsebrühe
Salz, gem. Pfeffer

Für die Bifteki:
800 g Rindergehacktes
2 Eier (Größe M)
2 Prisen grob geschroteter Chili
2 Prisen gem. Zimt
80 g Rosinen

400 ml passierte Tomaten (aus der Dose)
960 g abgetropfte, abgespülte Kichererbsen (aus Dosen)

2 EL Olivenöl zum Einstreichen

Außerdem:
8 Grillspieße (z. B. Bambusspieße etwa 15 cm, über Nacht in Wasser eingelegt oder Metallspieße)
2 Alu-Grillschalen

1. Zum Vorbereiten Bulgur und Brühe in einem Topf bei schwacher Hitze etwa 8 Minuten kochen (dabei die Packungsanleitung beachten). Bulgurmasse herausnehmen, etwas abkühlen lassen.

2. Für die Suppe Knoblauch und Zwiebel abziehen und würfeln. Olivenöl in einem großen Topf erhitzen. Zwiebelwürfel, die Hälfte des Knoblauchs und Sesam darin andünsten. Gewürze und TK-Möhren hinzugeben, kurz mitdünsten lassen. Brühe hinzugießen, zum Kochen bringen, mit Salz und Pfeffer würzen. Die Suppe etwa 10 Minuten garen.

3. In der Zwischenzeit Bulgur mit Gehacktem, Eiern, Chili und Zimt verkneten, mit Salz und Pfeffer würzen. Die Rosinen unterarbeiten. Aus der Masse mit angefeuchteten Händen 24 gleich große Bällchen formen. Jeweils 3 Bällchen auf einen Spieß stecken.

4. Lorbeerblätter, Nelken und Piment aus der Brühe entfernen. Etwa zwei Drittel der Möhren mit einem Schaumlöffel aus der Suppe nehmen und beiseitestellen. Passierte Tomaten zu den Möhren in den Topf geben, zum Kochen bringen. Die Suppe pürieren und abschmecken. Kichererbsen und beiseitegestellte Möhren hinzugeben, zum Kochen bringen und unter Rühren nochmals etwa 3 Minuten kochen.

5. Die Hackbällchen auf den Spießen dünn mit Olivenöl einstreichen und in die Grillschalen legen. Die Grillschalen auf den Grillrost des heißen Grills stellen. Die Spieße etwa 15 Minuten grillen, dabei die Spieße gelegentlich wenden.

6. Die Suppe im Topf zum Grillplatz tragen, in vorgewärmten Suppenschüsseln oder großen Tassen verteilen und mit den Spießen servieren.

Zubereitungszeit: 45 Minuten | Grillzeit: etwa 15 Minuten | 8 Portionen | Pro Portion: E: 37 g, F: 31 g, Kh: 54 g, kJ: 2695, kcal: 643, BE: 4,5

METTBÄLLCHEN-GEMÜSE-SPIEßE

1 Chinakohl (etwa 800 g)
Salzwasser
1 kleines Bund Schnittlauch
1 kleiner Topf Thymian
800 g Cocktail- oder kleine Strauchtomaten
800 g gewürztes Schweinemett
200 g Butter
Salz
gem. Pfeffer

Außerdem:
10 Grillspieße (z. B. Bambusspieße etwa 30 cm, über Nacht in Wasser eingelegt oder Metallspieße)
2 große Alu-Grillschalen

1. Den Chinakohl putzen, evtl. die Außenblätter entfernen. Die Blätter einzeln ablösen. Salzwasser in einem großen Topf zum Kochen bringen. Die Chinakohlblätter darin portionsweise etwa 2 Minuten blanchieren. Dann die Blätter mit kaltem Wasser abschrecken und gut abtropfen lassen.

2. Die Kräuter abspülen und trocken tupfen. Den Schnittlauch in kleine Röllchen schneiden. Von den Thymianstängeln die Blättchen abzupfen.

3. Die Tomaten abspülen und abtrocknen. Die Stängelansätze herausschneiden. Die Chinakohlblätter längs halbieren und die dicken Blattrippen herausschneiden.

4. Aus dem Schweinemett mit angefeuchteten Händen 40 kleine Bällchen formen. Jedes Bällchen in 1–2 Chinakohlblättern einwickeln. Jeweils 4 eingewickelte Mettbällchen und 3 Tomaten abwechselnd auf einen Spieß stecken. Die Spieße nebeneinander in die beiden Grillschalen legen.

5. Die Butter zerlassen und die Kräuter unterrühren. Die Spieße rundherum mit der zerlassenen Kräuterbutter bestreichen und mit etwas Salz und Pfeffer bestreuen.

6. Die Grillschalen auf den Grillrost des heißen Grills stellen und die Spieße etwa 20 Minuten grillen, dabei die Spieße nach etwa 10 Minuten wenden. Die Spieße während des Grillens immer wieder mit der Kräuterbutter bestreichen.

Zubereitungszeit: 60 Minuten | Grillzeit: etwa 20 Minuten | 10 Spieße | Pro Spieß: E: 17 g, F: 27 g, Kh: 3 g, kJ: 1331, kcal: 318, BE: 0,0

TIPP Statt der selbst gemachten Kräuterbutter können Sie auch fertige Kräuter- oder Knoblauchbutter aus dem Kühlregal verwenden.

ASIATISCH MARINIERTE
SCHWEINEBAUCHSPIEẞE

2–3 rote Zwiebeln (etwa 300 g)
300 g Staudensellerie (4 Stangen)
etwa 15 g Ingwer
1 kleine Chilischote
4 EL Austernsauce
etwa 640 g Schweinebauch
(8 Scheiben, zu je 80 g geschnitten)
gem. Pfeffer
etwas Salz

Außerdem:
8 Grillspieße (z. B. Bambusspieße etwa 25 cm lang, über Nacht in Wasser eingelegt, oder Metallspieße)

1. Die Zwiebeln abziehen und in Spalten schneiden. Staudensellerie putzen, die harten Außenfäden abziehen. Sellerie abspülen, trocken tupfen und in etwa 24 gleich große Stücke schneiden.

2. Den Ingwer schälen, zunächst in Scheiben schneiden, dann fein hacken. Die Chilischote längs halbieren, entkernen und entstielen, abspülen, trocken tupfen und klein hacken. Die Austernsauce mit Ingwer und Chili vermischen.

3. Die Schweinebauchscheiben mit Küchenpapier trocken tupfen und in je 5 Stücke schneiden. Jeweils 5 Schweinebauchstücke, 2–3 Zwiebelspalten und 3 Selleriestücke abwechselnd auf einen Spieß stecken.

4. Die Spieße in eine Schale legen, mit der Austernsauce bestreichen und mit Pfeffer bestreuen. Die Spieße zugedeckt etwa 60 Minuten im Kühlschrank marinieren, dabei die Spieße gelegentlich mit der abgetropften Sauce wieder einstreichen.

5. Die marinierten Spieße abtropfen lassen, mit Salz würzen, auf den gefetteten Grillrost des heißen Grills legen, insgesamt etwa 30 Minuten grillen, dabei die Spieße mehrmals wenden, damit sie nicht zu dunkel werden.

Zubereitungszeit: 40 Minuten | Marinierzeit: etwa 60 Minuten | Grillzeit: etwa 30 Minuten | 8 Spieße | Pro Spieß: E: 15 g, F: 17 g, Kh: 3 g, kJ: 934, kcal: 224, BE: 0,0

TIPP Reichen Sie Knoblauchbaguettes (aufgebacken nach Packungsanleitung) dazu.

WAMMERL-KARTOFFEL-SPIEßE

300 g festkochende Kartoffeln (möglichst gleich groß)
1 TL Salz

800 g Wammerl (durchwachsener Schweinebauch, 8 Scheiben zu je 100 g)
½ Topf Majoran
2 EL Olivenöl
gem. Pfeffer

Für das Pesto:
100 g Feldsalat
2 Knoblauchzehen
50 g gem. Walnusskerne
25 g ger. Parmesan
75 ml Olivenöl

Außerdem:
8 Grillspieße (z. B. Bambusspieße etwa 25 cm, über Nacht in Wasser eingelegt, oder Metallspieße)

1. Die Kartoffeln gründlich waschen bzw. abbürsten und längs halbieren. Die Kartoffeln knapp mit Wasser bedeckt in einem Topf zugedeckt zum Kochen bringen. Das Salz hinzugeben und die Kartoffelhälften in etwa 10 Minuten halb gar kochen. Dann die Kartoffeln abgießen, abtropfen und erkalten lassen.

2. Die Schweinebauchscheiben mit Küchenpapier trocken tupfen und in je 3 gleich große Stücke schneiden.

3. Majoran abspülen, trocken tupfen, die Blättchen von den Stängeln zupfen und die Blättchen fein hacken. Majoran mit dem Olivenöl vermischen.

4. Jeweils etwa 3 Fleischstücke und 2 Kartoffelhälften abwechselnd auf die Spieße stecken. Die Spieße in eine Schale legen, mit dem Majoranöl bestreichen und mit Pfeffer bestreuen. Die Spieße zugedeckt etwa 60 Minuten im Kühlschrank marinieren.

5. Für das Pesto Feldsalat verlesen, die Wurzelenden vom Feldsalat abzupfen. Salat waschen, in einem Sieb gut abtropfen lassen oder in einer Salatschleuder trocken schleudern.

6. Die Knoblauchzehen abziehen, mit dem vorbereiteten Feldsalat in einen hohen Rührbecher geben und pürieren. Gemahlene Walnusskerne, Parmesan und Olivenöl unterschlagen. Das Pesto mit Salz und Pfeffer abschmecken.

7. Die marinierten Spieße abtropfen lassen, mit Salz würzen, auf den gefetteten Grillrost des heißen Grills legen, etwa 30 Minuten grillen, dabei die Spieße mehrmals wenden, damit sie nicht zu dunkel werden.

8. Die Spieße zum Servieren mit dem Pesto bestreichen oder das Pesto dazuservieren.

Beilage: Servieren Sie zu den Spießen einen gemischten Salat.

Zubereitungszeit: 60 Minuten, ohne Abkühlzeit | Marinierzeit: etwa 60 Minuten | Grillzeit: etwa 30 Minuten | 8 Spieße | Pro Spieß: E: 19 g, F: 46 g, Kh: 7 g, kJ: 2121, kcal: 506, BE: 0,5

HIRSCH-KARTOFFEL-SPIEßE

MIT APFELSPALTEN

etwa 800 g Hirschrückenfilet
etwa 800 g vorwiegend festkochende Kartoffeln (nicht zu groß)
Salzwasser
16 frische Lorbeerblätter
4 säuerliche Äpfel (z. B. Cox Orange)
8 EL Erdnussöl
2 TL gem. Zimt
Salz
gem. Pfeffer

Außerdem:
8 Grillspieße (z. B. Bambusspieße etwa 25 cm lang, über Nacht in Wasser eingelegt, oder Metallspieße)

1. Hirschrückenfilet mit Küchenpapier trocken tupfen, evtl. von Fett und Sehnen befreien und in 4–5 mm dicke Scheiben schneiden.

2. Kartoffeln schälen, abspülen, abtropfen lassen und in 1–2 mm dicke Scheiben schneiden. Salzwasser in einem Topf zum Kochen bringen. Die Kartoffelscheiben darin kurz blanchieren, mit kaltem Wasser abschrecken und gut abtropfen lassen.

3. Die Lorbeerblätter einmal längs halbieren. Äpfel abspülen, abtrocknen, achteln und das Kerngehäuse herausschneiden.

4. Je Spieß mit einer Apfelspalte (insgesamt 4 Spalten pro Spieß) beginnen und abwechselnd Kartoffelscheiben, Lorbeerblatt und Fleischscheiben (einmal zusammenklappen) aufstecken.

5. Erdnussöl und Zimt verrühren. Die Spieße mit Salz und Pfeffer würzen, mit dem Zimtöl bestreichen, auf den gefetteten Grillrost des heißen Grills legen und von jeder Seite etwa 5 Minuten grillen. Am Ende der Grillzeit noch mal mit dem Zimtöl bepinseln.

Zubereitungszeit: 30 Minuten | Grillzeit: etwa 10 Minuten | 8 Spieße |
Pro Spieß: E: 22 g, F: 14 g, Kh: 19 g, kJ: 1210, kcal: 288, BE: 1,5

TIPPS

Anstelle der Äpfel kann man auch in kleine Spalten geschnittenen Butternuss- oder Hokkaidokürbis verwenden. Zum Zimtöl kann man etwas frisch geriebene Schale von 1 Bio-Zitrone dazugeben.

GEGRILLTE RÖLLCHEN

VON DER PUTENBRUST

Für die Spieße:
10 feste Zweige Rosmarin (die Zweige dürfen nicht zu dünn sein, da diese als Grillspieße verwendet werden)
1 ½ kg Putenbrust (am besten vom Metzger in 40 etwa 5 mm starke Schnitzelchen schneiden lassen)
Salz
gem. Pfeffer

Für den Birnen-Apfel-Salat:
230 g abgetropfte Birnenhälften (aus der Dose)
5 EL Birnensaft (aus der Dose)
100 g Schlagsahne
1 EL Crème fraîche
15 g Zucker
etwa 20 ml Zitronensaft
3–4 Äpfel

Außerdem:
2 EL Speiseöl, z. B. Rapsöl
2 EL gehackte Walnusskerne
1 EL gehackte Haselnusskerne

1. Für die Spieße die Rosmarinzweige abspülen, trocken tupfen und etwas anspitzen.

2. Die Putenbrust in 40 dünne Schnitzelchen schneiden. Die Schnitzelchen mit Küchenpapier trocken tupfen und von beiden Seiten mit Salz und Pfeffer würzen. Die Schnitzelchen zu kleinen Röllchen aufrollen und jeweils 4 Röllchen auf einen Rosmarinzweig aufspießen.

3. Für den Salat von den abgetropften Birnenhälften den Saft auffangen. 5 Esslöffel Birnensaft abmessen.

4. Die Sahne aufschlagen, mit Crème fraîche verrühren, mit Zucker, abgemessenem Birnensaft und Zitronensaft abschmecken.

5. Die Äpfel heiß abwaschen, abtrocknen, vierteln, entkernen und mit den Birnenhälften in kleine Stücke schneiden. Die Obststücke unter die Sahnesauce heben.

6. Die Spieße dünn mit etwas Speiseöl einstreichen, auf den gefetteten Grillrost des heißen Grills legen, 20–30 Minuten grillen. Dabei die Spieße mehrmals wenden.

7. Die Spieße mit dem Salat servieren. Dazu den Salat mit Walnuss- und Haselnusskernen bestreuen.

Zubereitungszeit: 45 Minuten | Grillzeit: 20–30 Minuten | 10 Spieße |
Pro Spieß: E: 37 g, F: 11 g, Kh: 12 g, kJ: 1236, kcal: 296, BE: 1,0

TIPP Etwas kräftiger im Geschmack werden die Putenröllchen, wenn Sie die Röllchen zusätzlich mit einem Streifen Parma-Schinken oder Frühstücksspeck (Bacon) umwickeln. Dann die Schnitzelchen sparsam mit Salz würzen.

RIESENGARNELEN-FRÜCHTE-SPIEẞCHEN

250 g geschältes Ananasfruchtfleisch (ohne Strunk)
½ Papaya (mit festem Fruchtfleisch, etwa 250 g)
20 Garnelen (entdarmt und geschält, 650–700 g)
1 Bio-Zitrone (unbehandelt, ungewachst)

Für die Marinade:
5 EL Sesamöl
5 EL Sojasauce
1–2 EL Zitronensaft
1 ½ EL Honig

Salz
gem. Pfeffer

Außerdem:
10 Grillspieße (z. B. Bambusspieße 20–25 cm, über Nacht in Wasser eingelegt, oder Metallspieße)
1 große Alu-Grillschale
etwas Speiseöl zum Ausstreichen der Grillschalen

1. Das Ananasfruchtfleisch in etwa 2 cm dicke Scheiben schneiden. Die Scheiben vierteln. Die Schale der Papayahälfte vorsichtig abspülen und trocken tupfen. Papayahälfte längs vierteln und entkernen. Die Papayaviertel in 2–3 cm dicke Scheiben schneiden

2. Garnelen unter fließendem kalten Wasser abspülen und trocken tupfen. Abwechselnd 2 Garnelen, 1 Ananas- und 1 Papayastück auf je einen Spieß stecken.

3. Die Zitrone heiß abwaschen, abtrocknen und in Scheiben schneiden.

4. Für die Marinade Sesamöl mit Sojasauce, Zitronensaft und Honig in einem Topf verrühren und etwas erwärmen, damit der Honig sich besser lösen kann. Die Spieße und die Zitronenscheiben mit der lauwarmen Marinade bestreichen. Außerdem die Spieße mit Salz und Pfeffer bestreuen.

5. Die Spieße nebeneinander in die Grillschale (mit Speiseöl ausgestrichen) legen. Die Grillschale auf den Grillrost des heißen Grills legen und die Spieße etwa 20 Minuten grillen, dabei die Spieße nach jeweils etwa 5 Minuten wenden. Nach der Hälfte der Grillzeit auch die Zitronenscheiben mitgrillen. Evtl. die Spieße während des Grillens nochmals mit der Marinade bestreichen.

Zubereitungszeit: 40 Minuten | Grillzeit: etwa 20 Minuten | 10 Spieße | Pro Spieß: E: 13 g, F: 3 g, Kh: 6 g, kJ: 433, kcal: 103, BE: 0,5

TIPP Garnelen kaufen Sie am besten an der Fischtheke, denn dort bekommen Sie die Garnelen schon fertig entdarmt und geschält.

ROSENKOHL-KARTOFFEL-SPIEßE

12 kleine Kartoffeln (etwa 500 g)
Salzwasser
24 Rosenkohlröschen (400 g)
16 schmale Scheiben Frühstücks-speck (Bacon, etwa 130 g)
2 Bio-Zitronen (unbehandelt, ungewachst)
3 Stängel Oregano oder Majoran (oder 1 TL gerebelter Oregano oder Majoran)
1 TL gem. Kurkuma (Gelbwurz)
Salz
gem. Pfeffer
8 EL Olivenöl

Außerdem:
8 Grillspieße
(z. B. Bambusspieße etwa 30 cm lang, über Nacht in Wasser eingelegt, oder Metallspieße)

1. Kartoffeln gründlich unter fließendem Wasser waschen und abbürsten. Die Kartoffeln knapp mit Salzwasser bedeckt zum Kochen bringen und zugedeckt etwa 10 Minuten kochen. Dann die Kartoffeln abgießen, abdämpfen und erkalten lassen.

2. Inzwischen Rosenkohl putzen, den Strunk kreuzförmig einschneiden, abspülen und abtropfen lassen. Salzwasser in einem Topf zum Kochen bringen. Rosenkohl darin etwa 10 Minuten gar kochen lassen, mit eiskaltem Wasser abschrecken und gut abtropfen lassen.

3. Die Kartoffeln halbieren. 16 Rosenkohlröschen mit einer Frühstücksspeckscheibe umwickeln. Jeweils 3 Kartoffelhälften und 2 Rosenkohlröschen mit Speck und ein Rosenkohlröschen ohne Speck abwechselnd auf die Spieße stecken.

4. Zitronen heiß abwaschen, abtrocknen und die Schale abreiben. Die Zitronen halbieren und auspressen. Oregano oder Majoran abspülen, trocken tupfen und die Blättchen von den Stängeln zupfen. Die Blättchen fein hacken.

5. Zitronenschale, -saft, Kurkuma und Oregano oder Majoran verrühren, mit Salz und Pfeffer würzen. Olivenöl unterschlagen und die Spieße mit etwas von der Marinade bestreichen.

6. Die Spieße auf den gefetteten Grillrost des heißen Grills legen und unter regelmäßigem Wenden 10–12 Minuten grillen. Dabei hin und wieder mit der Marinade bestreichen.

Zubereitungszeit: 40 Minuten, ohne Abkühlzeit | Grillzeit: 10–12 Minuten | 8 Spieße |
Pro Spieß: E: 5 g, F: 8 g, Kh: 12 g, kJ: 574, kcal: 138, BE: 1,0

TIPPS

Wer es gern vegetarisch mag, kann den Frühstücksspeck weglassen. Hat man noch Bratwürstchen (4 Stück, je etwa 100 g) vom Sommer eingefroren, diese einfach auftauen, in 2–3 cm dicke Stücke schneiden und zusammen mit den Kartoffeln und dem Rosenkohl aufspießen. Wer noch mehr Geschmack bevorzugt, kann Kurkuma auch durch Currypulver oder Paprikapulver ersetzen.

PORREESTÜCKE IM SPECKMANTEL
MIT SCHWEINEFILET

4 dünne Stangen Porree (Lauch)
16 Scheiben Frühstücksspeck (Bacon, etwa 180 g)
400 g Schweinefilet
1 ½ EL Speiseöl, z. B. Rapsöl
gem. Pfeffer
Salz

Außerdem:
8 Grillspieße (z. B. Bambusspieße 20–25 cm lang, über Nacht in Wasser eingelegt, oder Metallspieße)

1. Porree putzen, das dunkle Grün im oberen Bereich abschneiden. Die Stangen gründlich waschen und abtropfen lassen. Jede Stange in 4 gleich große Stücke schneiden.

2. Jedes Porreestück mit einer Scheibe Frühstücksspeck umwickeln.

3. Das Schweinefilet mit Küchenpapier trocken tupfen, evtl. entfetten und enthäuten. Das Filet in 16 gleich große Scheiben (je etwa 25 g) schneiden.

4. Jeweils 2 Schweinefiletscheiben und 2 umwickelte Porreestücke abwechselnd auf die Spieße stecken. Die Spieße dünn mit dem Speiseöl bestreichen.

5. Die Spieße auf den gefetteten Grillrost des heißen Grills legen, insgesamt etwa 20 Minuten grillen, dabei die Spieße jeweils nach 5 Minuten wenden. Die Spieße mit Pfeffer würzen und die Schweinefiletscheiben noch mit etwas Salz bestreuen.

Beilage: Baguette oder Grillkartoffeln schmecken sehr gut dazu.

Zubereitungszeit: 45 Minuten | Grillzeit: etwa 20 Minuten | 8 Spieße | Pro Spieß: E: 15 g, F: 9 g, Kh: 1 g, kJ: 611, kcal: 146, BE: 0,0

TIPPS

Die Spieße lassen sich bis Punkt 4 gut vorbereiten. Die vorbereiteten Spieße zugedeckt im Kühlschrank bis zum Grillen aufbewahren. Das Grillgut nicht über noch flammendem Feuer garen. Die Grillkohle oder die Grillbriketts sollten nur noch glühen und einen hellen Aschemantel haben.

HÄHNCHENSPIEẞE

MIT ROSENKOHLSUPPE

Für die Suppe:
1 kg Rosenkohl
700 g mehligkochende Kartoffeln
2 große Zwiebeln
3 l Gemüse- oder Fleischbrühe
Salzwasser
1 Bund glatte Petersilie
150 g magere Schinkenspeckwürfel
400 g Schlagsahne
Salz
gem. Pfeffer
gem. Muskat

Für die Hähnchenspieße:
400 g Hähnchenbrustfilet
1–2 EL Olivenöl

Außerdem:
10 Grillspieße (z. B. Bambusspieße, über Nacht in Wasser eingelegt, oder Metallspieße)

1. Für die Suppe den Rosenkohl von den schlechten äußeren Blättern befreien, etwas vom Strunk abschneiden, die Rosenkohlröschen am Strunk kreuzförmig einschneiden, abspülen und abtropfen lassen. Zum späteren Garnieren von einigen Rosenkohlröschen die äußeren Blätter abblättern und beiseitelegen.

2. Die Kartoffeln schälen, abspülen, abtropfen lassen und grob würfeln. Die Zwiebeln abziehen und würfeln.

3. Die Brühe mit Rosenkohlröschen, Kartoffel- und Zwiebelwürfeln in einem großen Topf zum Kochen bringen und zugedeckt in etwa 40 Minuten weich kochen.

4. In der Zwischenzeit Salzwasser in einem Topf zum Kochen bringen. Die beiseitegelegten Rosenkohlblätter darin kurz blanchieren, dann in ein Sieb geben, mit kaltem Wasser abschrecken und abtropfen lassen. Die Petersilie abspülen, trocken tupfen und die Blättchen von den Stängeln zupfen. Die Blättchen grob hacken. Schinkenspeckwürfel in einer Pfanne bei mittlerer Hitze ausbraten.

5. Die Suppe pürieren, bis sie schön sämig geworden ist. Sahne, ausgebratene Speckwürfel mit dem Bratfett und Petersilie in die Suppe rühren. Die Suppe nochmals kurz aufkochen lassen, mit Salz, Pfeffer und Muskat abschmecken.

6. Hähnchenbrustfilet unter fließendem kalten Wasser abspülen, trocken tupfen und in etwa 40 kleine Stücke schneiden. Jeweils 4 Hähnchenstücke auf einen Spieß stecken. Das Fleisch mit Salz und Pfeffer würzen, dünn mit etwas Olivenöl bestreichen. Die Spieße auf den gefetteten Grillrost des heißen Grills legen, 5–10 Minuten grillen, dabei die Spieße gelegentlich wenden.

7. Die blanchierten Rosenkohlblättchen in die heiße Suppe geben. Die Suppe im Topf zum Grillplatz tragen, in vorgewärmten Suppenschüsseln oder großen Tassen verteilen und mit den Hähnchenspießen servieren.

Zubereitungszeit: 50 Minuten | Garzeit Suppe: etwa 40 Minuten | Grillzeit: 5–10 Minuten | 10 Portionen | Pro Portion: E: 20 g, F: 15 g, Kh: 14 g, kJ: 1159, kcal: 277, BE: 1,0

FRUCHTIGE PERLHUHNSPIESSE

Für die Cumberland-Sauce:
300 g Johannisbeergelee
1 Bio-Orange (unbehandelt, ungewachst)
1 Bio-Zitrone (unbehandelt, ungewachst)
200 ml trockener Rotwein
1 TL mittelscharfer Senf

Für die Spieße:
2 küchenfertige Perlhühner (je etwa 1 kg)
24 Scheiben Frühstücksspeck (Bacon, etwa 300 g)
24 getrocknete Pflaumen (ohne Stein)
24 Datteln (ohne Stein, etwa 180 g)
2 EL Speiseöl, z. B. Sonnenblumenöl
Salz
gem. Pfeffer

Außerdem:
8 lange Grillspieße (z. B. Bambusspieße etwa 30 cm lang, über Nacht in Wasser eingelegt, oder Metallspieße)

1. Für die Sauce das Johannisbeergelee durch ein feines Sieb in eine Schüssel streichen. Die Zitrusfrüchte heiß abwaschen, abtrocknen und feine Streifen von der Orange und Zitrone abschneiden. Orange und Zitrone halbieren, den Saft auspressen.

2. Den Zitrussaft mit dem Rotwein in einem kleinen Topf verrühren. Die Zitrusstreifen hinzugeben, alles zum Kochen bringen und etwa 10 Minuten köcheln lassen. Dann die Mischung erkalten lassen und mit dem Johannisbeergelee verrühren. Die Sauce mit dem Senf abschmecken.

3. In der Zwischenzeit die Perlhühner innen und außen unter fließendem kalten Wasser abspülen und trocken tupfen. Die Perlhühner in je 16 Stücke zerlegen, dabei das Brustfleisch herausschneiden und die Keulen abtrennen.

4. Die Frühstücksspeckscheiben quer halbieren. Jede Pflaume und Dattel mit einer halben Scheibe Speck umwickeln.

5. Jeweils 4 Geflügelstücke, 3 Backpflaumen und 3 Datteln abwechselnd auf einen Spieß stecken. Die Spieße dünn mit dem Speiseöl bestreichen.

6. Die Spieße kurz vor dem Grillen mit Salz und Pfeffer würzen, dann auf den gefetteten Grillrost des heißen Grills legen, insgesamt etwa 20 Minuten grillen. Dabei die Spieße jeweils nach etwa 5 Minuten wenden. Zum Servieren die Cumberland-Sauce zu den Spießen reichen.

Zubereitungszeit: 60 Minuten | Grillzeit: etwa 20 Minuten | 8 Spieße |
Pro Spieß: E: 49 g, F: 29 g, Kh: 52 g, kJ: 2881, kcal: 688, BE: 4,5

TIPPS

Die Spieße und die Sauce lassen sich bis Punkt 5 gut vorbereiten.
Die vorbereiteten Spieße und die Sauce zugedeckt im Kühlschrank bis zum Grillen aufbewahren. Statt der Perlhühner können Sie auch Hähnchen oder Poularden für die Spieße verwenden.

WILDSCHWEINSPIEẞE

MIT FEIGEN UND ZWIEBELN

1600 g Wildschweinfilet
4 Stängel Thymian
20 Wacholderbeeren
2 Bio-Orangen (unbehandelt, ungewachst)
2 TL geschroteter Pfeffer
2 TL Pfefferkuchengewürz
8 EL Rapsöl

4 Zwiebeln
8 Feigen
Salz

Außerdem:
8 Grillspieße (z. B. Bambusspieße 20–25 cm, über Nacht in Wasser eingelegt, oder Metallspieße)

1. Das Wildschweinfilet trocken tupfen, evtl. von Fett und Sehnen befreien und in etwa 3 cm große Würfel bzw. Streifen schneiden.

2. Thymian abspülen, trocken tupfen und die Blättchen von den Stängeln zupfen. Die Blättchen fein schneiden. Wacholderbeeren hacken. Orangen heiß abwaschen, abtrocknen und die Schale fein abreiben. Die Orangen halbieren und auspressen.

3. Die Fleischstücke mit Thymian, Gewürzen, Orangenschale und -saft in einer Schüssel vermengen. Das Rapsöl dazugeben und alles noch mal gut vermengen. Die Fleischstücke zugedeckt im Kühlschrank mindestens 3 Stunden marinieren.

4. Zwiebeln abziehen und achteln. Die Feigen abspülen, vorsichtig abtrocknen und vierteln.

5. Die marinierten Fleischstücke abtropfen lassen, abwechselnd mit den Zwiebeln und Feigen auf die Spieße stecken. Die Wildschweinspieße auf den gefetteten Grillrost des heißen Grills legen und von jeder Seite etwa 5 Minuten grillen. Beim Grillen die Spieße mit der restlichen Marinade bestreichen, mit Salz würzen.

Beilage: Reichen Sie Baguette und einen Quarkdip dazu. Für den Dip 250 g Magerquark mit 3 Esslöffeln Milch und einem Esslöffel Zwiebelwürfeln verrühren, mit Salz, Pfeffer und Chili abschmecken.

Zubereitungszeit: 30 Minuten | Marinierzeit: mindestens 3 Stunden | Grillzeit: etwa 10 Minuten | 8 Spieße |
Pro Spieß: E: 41 g, F: 18 g, Kh: 17 g, kJ: 1639, kcal: 391, BE: 1,5

TIPP

Die Feigen können durch Speckdatteln ersetzt werden. Dazu einfach entsteinte Datteln mit je einer Scheibe Frühstücksspeck (Bacon) einwickeln.

GARNELENSPIEßE

IN FEURIGER FISCHSUPPE

2 Stangen Porree (Lauch, etwa 400 g)
1 Chinakohl (etwa 700 g)
4 Möhren (etwa 250 g)
2 Stangen Zitronengras
3 milde Chilischoten

30 Garnelen (geschält und entdarmt, etwa 400 g)
6 EL Sojasauce
gem. Pfeffer

2 l Fischfond (aus dem Glas)
750 ml Gemüsebrühe
Salz
ger. Muskatnuss
125 g Reisnudeln

Außerdem:
10 Grillspieße (z. B. Bambusspieße, über Nacht in Wasser eingelegt, oder Metallspieße)
Dreibein mit Kette und dem dazugehörigen Topf (Kesseltopf, Gulaschkessel)
1 großer Holzkochlöffel zum Umrühren

1. Porree putzen, das dunkle Grün im oberen Bereich abschneiden. Die Stangen längs halbieren, gründlich waschen und abtropfen lassen. Die Stangen in feine Scheiben schneiden.

2. Den Chinakohl putzen, vierteln und den Strunk herausschneiden. Chinakohl abspülen, abtropfen lassen und in feine Streifen schneiden. Möhren putzen, schälen, abspülen, abtropfen lassen und in dünne Scheiben schneiden. Zitronengras putzen, abspülen, abtropfen lassen, evtl. etwas platt klopfen und in sich einmal verknoten. Die Chilischoten abspülen und abtrocknen. Eine Chilischote längs halbieren, entstielen, entkernen und in dünne Streifen schneiden.

3. Die Garnelen unter fließendem kalten Wasser abspülen, trocken tupfen und jeweils 3 Garnelen auf einen Spieß stecken. Die Spieße mit Sojasauce beträufeln und mit Pfeffer würzen.

4. Den Kesseltopf über das Feuer an die Kette des Dreibeins hängen (Achtung: Dabei die Herstelleranleitung beachten!) Den Fischfond und die Gemüsebrühe in den Topf gießen. Chilistreifen, Chilischoten und Zitronengras hinzugeben und zum Kochen bringen. Die Möhrenscheiben darin etwa 5 Minuten köcheln lassen, dann die Porree- und Chinakohlstreifen unterrühren. Das Ganze mit Salz, Pfeffer, Muskat und Sojasauce würzen und etwa 15 Minuten kochen lassen.

5. Die Reisnudeln in kleine Stücke brechen und in die Suppe geben. Die Spieße am Rand des Topfes in die Suppe stellen. Die Suppe noch weitere etwa 10 Minuten ziehen lassen. (Dabei die Hitze etwas reduzieren: Dazu den Abstand zwischen der Feuerglut und dem Topf vergrößern.)

6. Zum Servieren das Zitronengras und die Chilischoten aus der Suppe entfernen. Die Suppe mit den Garnelenspießen servieren.

Beilage: Roggenbrötchen.

Zubereitungszeit: 40 Minuten | Garzeit: etwa 30 Minuten | 8–10 Portionen | Pro Portion: E: 14 g, F: 1 g, Kh: 18 g, kJ: 585 kcal: 139, BE: 1,5

TUNFISCHSTEAKS
IN KRÄUTERN UND KNOBLAUCH

25 g TK-Kräuter der Provence
4–5 Knoblauchzehen
8 Tunfischsteaks (je etwa 130 g)
geschroteter bunter Pfeffer
Salz

Außerdem:
8 Bögen Alufolie
etwas Speiseöl zum Bestreichen der Alufolie

1. Die Kräuter der Provence in ein kleines Schälchen geben. Knoblauchzehen abziehen, durch eine Knoblauchpresse zu den Kräutern drücken oder in sehr feine Scheiben schneiden und mit den Kräutern mischen.

2. Die Tunfischsteaks unter fließendem kalten Wasser abspülen und mit Küchenpapier trocken tupfen. Je 1 Tunfischsteak auf je ein mit Speiseöl bestrichenes Stück Alufolie legen.

3. Die Tunfischsteaks mit dem Kräutergemisch bestreichen und mit Pfeffer bestreuen. Jedes Tunfischsteak in der Alufolie zu einem Päckchen einpacken und im Kühlschrank über Nacht durchziehen lassen.

4. Die Tunfischsteak-Päckchen auf den gefetteten Grillrost des heißen Grills legen und unter gelegentlichem Wenden etwa 15 Minuten grillen. Tunfischsteaks zum Servieren mit Salz bestreuen.

Beilage: Ein bunt gemischter Salat aus Paprikaschoten- und Zucchiniwürfeln, Tomaten- und Olivenscheiben in Essig-Öl-Dressing. Dazu Baguette oder Roggenbrot reichen.

Zubereitungszeit: 40 Minuten | Durchziehzeit: 1 Tag (mindestens etwa 12 Stunden) | Grillzeit: etwa 15 Minuten | 8 Portionen | Pro Portion: E: 32 g, F: 24 g, Kh: 1 g, kJ: 1436, kcal: 343, BE: 0,0

TIPPS

Verwenden Sie zum Anzünden der Holzkohle oder Grillbriketts einen Anzündkamin oder Sicherheitsbrennpaste bzw. Sicherheitsanzünder. Beachten Sie bitte in jedem Fall die entsprechende Herstelleranleitung.

WEIßKOHLHERZEN,
GEGRILLT MIT FRÜHSTÜCKSSPECK

1 Kopf Weißkohl (etwa 1,4 kg)
Salzwasser
24 Scheiben Frühstücksspeck (Bacon, je etwa 14 g)

½ TL Speisestärke
3 EL Sojasauce
30 g brauner Zucker
2 EL Reisessig oder Balsamico-Bianco
2 EL Distelöl
½–1 TL Garam Masala

Außerdem:
12 Grillspieße (z. B. Bambusspieße, über Nacht in Wasser eingelegt, oder Metallspieße)

1. Vom Weißkohl die äußeren Blätter entfernen. Den Kopf halbieren, die Hälften in je 6 Teile schneiden. Durch jedes Kohlstück einen Grillspieß stecken, damit die Kohlstücke nicht auseinanderfallen können.

2. Salzwasser in einem großen Topf zum Kochen bringen. Die aufgespießten Kohlstücke darin portionsweise jeweils etwa 5 Minuten garen, dann abtropfen lassen. Jedes Kohlstück mit 2 Scheiben Frühstücksspeck umwickeln und mit dem Spieß fixieren.

3. Die Speisestärke mit der Sojasauce anrühren. Zucker, Essig, Distelöl und Garam Masala unterrühren, so lange rühren, bis der Zucker sich gelöst hat. Die Weißkohlstücke mit der Sauce rundherum bestreichen und zugedeckt im Kühlschrank mindestens 2 Stunden marinieren. Die Kohlstücke dabei mehrmals wenden.

4. Die Weißkohlstücke evtl. etwas abtropfen lassen und auf den gefetteten Grillrost des heißen Grills legen, bei nicht zu starker Hitze etwa 30 Minuten grillen. Dabei die Weißkohlstücke immer wieder wenden, damit sie nicht verbrennen.

Zubereitungszeit: 60 Minuten | Marinierzeit: etwa 2 Stunden | Grillzeit: etwa 30 Minuten | 12 Stücke | Pro Stück: E: 6 g, F: 10 g, Kh: 7 g, kJ: 595, kcal: 142, BE: 0,5

TIPPS

Die Weißkohlstücke können auch in Alu-Grillschalen auf dem Grill gegrillt werden.
Servieren Sie die Weißkohlstücke zu knusprig gegrillten Bauchspeckscheiben.

LACHS
IN DER WIRSING-SPECK-HÜLLE

Salzwasser
1 Kopf Wirsing (etwa 1 kg)

4 Lachsfiletstücke (je etwa 160 g)
1 Zitrone
Salz
gem. Pfeffer

8 Scheiben Frühstücksspeck (etwa 80 g)

Außerdem:
1–2 Alu-Grillschalen (ohne Löcher oder die Grillschalen mit Alufolie auslegen und am Rand hochziehen)
etwas Speiseöl zum Ausstreichen der Grillschalen

1. Salzwasser in einem großen Topf zum Kochen bringen. Inzwischen von dem Wirsing die äußeren welken Blätter entfernen, den Kohl abspülen und den Strunk unten keilförmig herausschneiden.

2. Den Kohl so lange in das kochende Salzwasser legen, bis sich die äußeren Blätter lösen. Diesen Vorgang wiederholen, bis etwa 16 Blätter sich lösen lassen und etwas weich sind. Die Blätter abtropfen lassen, mit Küchenpapier trocken tupfen und die dicken Blattrippen flach- oder herausschneiden.

3. Die Lachsfilets unter fließendem kalten Wasser abspülen, trocken tupfen und jedes Filet in 4 gleich große Stücke schneiden. Die Zitrone halbieren und auspressen. Die Fischstücke mit Salz und Pfeffer würzen, mit dem Zitronensaft beträufeln.

4. Die Frühstücksspeckscheiben längs halbieren. Jeweils ein Fischstückchen auf ein Wirsingblatt legen und zu einem Päckchen einwickeln. Jedes Päckchen mit einer halbierten Scheibe Frühstücksspeck umwickeln.

5. Die Fischpäckchen mit Salz und Pfeffer würzen und nebeneinander mit der Naht nach unten in die Grillschalen (mit Speiseöl ausgestrichen) setzen. Die Grillschalen mit Alufolie zudecken und auf den Grillrost des heißen Grills stellen. Die Fischpäckchen etwa 20 Minuten grillen.

Beilage: Bereiten Sie aus dem übrig gebliebenen Wirsingkohl einen **Wirsingsalat** zu. Wirsing fein schneiden. 50 g in Streifen geschnittenen Frühstücksspeck (Bacon) in einer Pfanne ohne Fett knusprig ausbraten, aus der Pfanne nehmen und auf Küchenpapier abtropfen lassen. 6 Esslöffel Gemüsebrühe, 4–5 Esslöffel Weißweinessig, 1 Teelöffel Senf in der Pfanne verrühren, mit Salz, Pfeffer und etwas Zucker abschmecken. 4 Esslöffel Olivenöl unterschlagen. Das warme Dressing mit den Kohlstreifen mischen. Zum Servieren den Salat mit den knusprigen Speckstreifen bestreuen.

Zubereitungszeit: 50 Minuten | Grillzeit: etwa 20 Minuten | 16 Stück | Pro Stück: E: 9 g, F: 6 g, Kh: 0 g, kJ: 386, kcal: 92, BE: 0,0

GRILLKÄSE IN KNUSPERBACON

je 2 Stängel Thymian, Rosmarin und Salbei
16 Scheiben Frühstücksspeck (Bacon)
8 Stück Grillkäse (je 100 g)
gem. Pfeffer
evtl. etwas Knoblauch- oder Paprikaöl

Außerdem:
evtl. 1 Alu-Grillschale

1. Die Kräuter abspülen, trocken tupfen und die Blätter bzw. Nadeln abzupfen.

2. Je 2 Scheiben Frühstücksspeck nebeneinander auf die Arbeitsfläche legen und mit den Kräuterblättchen und Rosmarinnadeln belegen. Jeweils ein Stück Grillkäse darauflegen und fest in den Frühstücksspeck einwickeln.

3. Den Grillkäse auf den gefetteten Grillrost des heißen Grills legen oder in einer Alu-Grillschale auf den Grill gestellt bei mittlerer Hitze 10–12 Minuten grillen, bis der Bacon schön knusprig ist. Das Ganze mit Pfeffer würzen.

4. Evtl. den Grillkäse zum Servieren mit etwas Knoblauch- oder Paprikaöl bestreichen.

Beilage: Zum Grillkäse schwarze Oliven und Sesambrot reichen.

Zubereitungszeit: 10 Minuten | Grillzeit: 10–12 Minuten | 8 Portionen | Pro Portion: E: 22 g, F: 31 g, Kh: 17 g, kJ: 1825, kcal: 437, BE: 1,5

Tipp: Haben Sie keine Alu-Grillschalen zur Hand, dann können Sie den Grillrost auch mit Alufolie belegen. Diese dünn einfetten und dann z. B. den Grillkäse (in Bacon eingewickelt) darauflegen und grillen. So brennt garantiert nichts am Grillrost fest. Außerdem verhindern Sie dadurch, dass Fleischsaft und Fett in die Glut tropfen und sich der evtl. dadurch aufsteigende, gesundheitsschädliche Rauch an der Oberfläche des Grillguts festsetzt.

RAFFINIERTE BEGLEITER

SALATE, BROTE, SAUCEN UND MARINADEN, ALLES WAS DAS GRILLEN PERFEKT MACHT

NUDELSALAT MIT KÜRBIS-OLIVEN-SAUCE

1 Hokkaido-Kürbis (etwa 900 g)
250 g Porree (Lauch)
1–2 Knoblauchzehen
30 g Kürbiskerne
80 g abgetropfte schwarze Oliven (ohne Stein, aus dem Glas)

4 l Wasser
4 gestr. TL Salz
400 g Vollkornnudeln (z. B. Dinkel-Penne)

2 EL Rapsöl
250 ml Gemüsebrühe
Salz
gem. Pfeffer
Cayennepfeffer
gem. Koriander
1–2 TL Zitronensaft
2–3 EL Kürbiskernöl

1. Kürbis abspülen, abtropfen lassen, halbieren und in Spalten schneiden. Kürbisspalten entkernen und mit der Schale quer in dünne Scheiben schneiden.

2. Porree putzen, die Stangen längs halbieren, gründlich waschen, abtropfen lassen und quer in etwa ½ cm breite Streifen schneiden. Knoblauch abziehen und in dünne Scheiben schneiden.

3. Kürbiskerne in einer Pfanne ohne Fett unter Wenden goldbraun rösten, herausnehmen und auf einen Teller geben. Oliven quer dritteln, sodass Ringe entstehen.

4. Das Wasser in einem großen Topf zugedeckt zum Kochen bringen. Dann Salz und Nudeln hinzugeben. Die Nudeln im geöffneten Topf bei mittlerer Hitze nach Packungsanleitung kochen lassen, dabei gelegentlich umrühren. Dann die Nudeln in ein Sieb geben, mit heißem Wasser abspülen und abtropfen lassen.

5. In der Zwischenzeit Rapsöl in einem Topf erhitzen. Porreestreifen und Knoblauchscheiben darin andünsten. Brühe und Kürbisscheiben hinzugeben, zum Kochen bringen und zugedeckt etwa 8 Minuten bei mittlerer Hitze dünsten.

6. Die Olivenringe unter die Kürbissauce rühren und aufkochen. Die Sauce mit Salz, Pfeffer, Cayennepfeffer, Koriander und Zitronensaft abschmecken. Die Nudeln mit der Sauce anrichten, mit Kürbiskernen bestreuen und mit Kürbiskernöl beträufeln.

Passt zu: Marinierten Hirsch- und Rehsteaks von Seite 13.

Zubereitungszeit: 50 Minuten |
6–8 Portionen | Pro Portion: E: 11 g, F: 14 g, Kh: 43 g, kJ: 1437, kcal: 340, BE: 3,5

TIPPS

Anstelle von Kürbiskernöl kann auch Nussöl verwendet werden. Wer mag, streut außerdem einige fein geschnittene Basilikumblättchen auf die Nudeln.

ROSENKOHLSALAT

MIT MEERRETTICH-SENF-DRESSING

200 g Frühstücksspeck (Bacon)
1600 g Rosenkohl
Salzwasser

4 Schalotten
2 Bund glatte Petersilie
200 g Walnusskerne
1 Prise Salz
4 EL Himbeeressig
gem. Pfeffer
3 EL Honig
2 EL mittelscharfer Senf
2 EL frisch ger. Meerrettich
10 EL Sonnenblumenöl

1. Frühstücksspeck in Streifen schneiden und in einer Pfanne ohne zusätzliches Fett bei schwacher Hitze unter Rühren auslassen. Die Speckstreifen mit einem Schaumlöffel aus der Pfanne nehmen und auf Küchenpapier abtropfen lassen.

2. Rosenkohl putzen, vierteln, abspülen und abtropfen lassen. Salzwasser in einem großen Topf zum Kochen bringen. Den Rosenkohl darin etwa 5 Minuten kochen. Rosenkohl in ein Sieb geben, mit eiskaltem Wasser abschrecken und abtropfen lassen. Rosenkohl zugedeckt warm halten.

3. Schalotten abziehen und fein würfeln. Petersilie abspülen und trocken tupfen. Die Blättchen von den Stängeln zupfen. Die Blättchen fein hacken. Die Walnusskerne grob hacken.

4. Eine gute Prise Salz in dem Himbeeressig auflösen. Pfeffer, Honig, Senf, Meerrettich und Schalottenwürfel unterrühren. Das Sonnenblumenöl unterschlagen.

5. Den lauwarmen Rosenkohl mit dem Dressing, sowie Speck, der Petersilie und den Nüssen gut durchmischen und noch einmal abschmecken.

Passt zu: Gegrillten Würstchen oder den Wammerl-Kartoffel-Spießen von Seite 45.

Zubereitungszeit: 60 Minuten |
10 Portionen | Pro Portion: E: 13 g, F: 30 g, Kh: 11 g, kJ: 1550, kcal: 370, BE: 1,0

TIPP Rosenkohl ist durch seinen hohen Vitamin-C-Gehalt und seine Mineralstoffkombination ein wertvolles Wintergemüse und somit ein natürlicher Erkältungsschutz.
Durch Frost wird der Zuckergehalt erhöht, was den Kohl schmackhafter und leichter verdaulich macht.

SCHNELLER KARTOFFELSALAT

1 ½ kg gegarte Pellkartoffeln
8 abgetropfte Gewürzgurken (aus dem Glas)
800 g fertiger Fleischsalat (aus dem Kühlregal)
etwas Gurkenflüssigkeit
Salz
gem. Pfeffer
8 hart gekochte Eier

1. Die Kartoffeln pellen, in Würfel schneiden und in eine große Schüssel geben. Die Gewürzgurken in dünne Scheiben schneiden und zu den Kartoffelwürfeln geben.

2. Fleischsalat mit etwas Gurkenflüssigkeit verrühren und untermischen. Den Kartoffelsalat mit Salz und Pfeffer abschmecken.

3. Die Eier pellen und in Achtel schneiden. Einige Achtel zum Garnieren beiseitelegen. Die restlichen Eierachtel vorsichtig unter den Salat heben. Den Salat zugedeckt im Kühlschrank etwas durchziehen lassen.

4. Den Salat evtl. nochmals mit Salz, Pfeffer und etwas Gurkenflüssigkeit abschmecken. Den Kartoffelsalat mit den beiseitegelegten Eierachteln garnieren und genießen.

Passt zu: Bratwürstchen und Steaks.

Zubereitungszeit: 20 Minuten, ohne Durchziehzeit |
8–10 Portionen | Pro Portion: E: 13 g, F: 36 g, Kh: 28 g, kJ: 2124, kcal: 504, BE: 2,0

TIPP

Wenn keine Pellkartoffeln vom Vortag übrig sind, die Kartoffeln gründlich waschen und mit Wasser bedeckt in einem Topf zugedeckt in etwa 20–25 Minuten gar kochen. Die Kartoffeln dann abgießen, mit kaltem Wasser abschrecken, gut abtropfen lassen, pellen und erkalten lassen.

DINKEL-ROGGEN-BROT

MIT KÜRBISKERNEN

Für den Teig:
250 g Dinkelvollkornmehl
100 g Roggenvollkornmehl
2 gestr. TL Dr. Oetker Backin
1 gestr. TL Natron
1 gestr. TL Salz
50 g geschälte Kürbiskerne
175 g Buttermilch
3 EL Rapsöl

etwas Wasser zum Bestreichen
etwas Weizenmehl zum Bestäuben

1. Den Backofen vorheizen.
Ober-/Unterhitze: etwa 180 °C
Heißluft: etwa 160 °C

2. Beide Mehlsorten, Backpulver, Natron und Salz in einer Rührschüssel mischen. Kürbiskerne hacken und dazugeben. Buttermilch und Rapsöl hinzufügen. Die Zutaten mit einem Mixer (Knethaken) zu einem glatten Teig verkneten.

3. Den Teig auf der leicht mit Mehl bestäubten Arbeitsfläche kurz mit den Händen verkneten und zu einer etwa 30 cm langen Rolle formen. Die Teigrolle in sich drehen, sodass sie etwas unregelmäßig wird. Die Teigrolle auf ein Backblech (gefettet, mit Backpapier belegt) legen, mit Wasser bestreichen und mit etwas Mehl bestäuben.

4. Das Backblech in den vorgeheizten Backofen schieben. Die Brotstange **etwa 30 Minuten backen.**

5. Das Brot auf einen Kuchenrost legen und erkalten lassen.

Passt zu: Mariniertem gegrillten Gemüse von Seite 21.

Zubereitungszeit: 25 Minuten | Backzeit: etwa 30 Minuten |
1 Brotstange | Pro Brot: E: 68 g, F: 65 g, Kh: 242 g, kJ: 7706, kcal: 1841, BE: 20,0

TIPPS Wenn Sie die Kürbiskerne vor dem Verarbeiten in einer kleinen Pfanne ohne Fett anrösten, schmecken sie noch intensiver. Möchten Sie gleich 2 Brote auf einmal zubereiten, dann verarbeiten Sie die Teigzutaten in einer Küchenmaschine, um Ihren Mixer nicht zu überlasten oder bereiten Sie den Teig 2-mal hintereinander zu. Backen können Sie beide Brotstangen auf einmal.

STOCKBROT

Für den Teig:
400 g Weizenmehl
100 g zarte Haferflocken
1 Pck. Dr. Oetker Trockenbackhefe
1 TL Zucker
1–2 TL Salz
1 TL getr. Kräuter der Provence
250 ml lauwarmes Wasser
2 EL Sonnenblumenöl

Außerdem:
8–10 Stöcke (etwa 80 cm lang)
Alufolie

1. Für den Teig Mehl mit Haferflocken, Hefe, Zucker, Salz und Kräutern in einer Rührschüssel mischen. Wasser und Öl unter Rühren mit einem Mixer (Knethaken) auf niedrigster Stufe dazugießen. Alles auf höchster Stufe durchkneten, sodass ein glatter, geschmeidiger Teig entsteht (etwa 4 Minuten).

2. Den Teig zugedeckt an einem warmen Ort gehen lassen, bis er sich verdoppelt hat (etwa 30 Minuten). Die Stöcke an einem Ende fest mit Alufolie umwickeln.

3. Den Teig nochmals kräftig durchkneten und in 8–10 gleich große Portionen teilen. Die Portionen mit den Händen zu länglichen, dünnen Rollen formen. Die Rollen jeweils an der mit Folie umwickelten Spitze nicht zu fest um den Stock wickeln und die Enden festdrücken.

4. Den Teig nicht zu dicht an und auf keinen Fall direkt in die heiße Glut oder ins Feuer (Lagerfeuer oder Grill) halten. Stockbrote **10–12 Minuten backen.**

Zubereitungszeit: 20 Minuten | Ruhe-/Gehzeit: etwa 30 Minuten | Backzeit: 10–12 Minuten | 8–10 Stück | Pro Stück: E: 6 g, F: 3 g, Kh: 39 g, kJ: 895, kcal: 214, BE: 3,0

TIPP

Sie können aus diesem Teig auch im Backofen Fladenbrot backen. Dazu den Teig auf einem Backblech (gefettet) etwa 1 cm dick zu einem großen Fladen ausrollen.
Den Teig zugedeckt nochmals etwa 15 Minuten gehen lassen. Nach Belieben mit Wasser bestreichen und mit Sesam-, Kümmel- oder Mohnsamen bestreuen. Dann das Brot im vorgeheizten Backofen etwa 12 Minuten backen (Ober-/Unterhitze: etwa 250 °C, Heißluft: etwa 220 °C).

RATATOUILLE IM GLAS

2 kg Paprikaschoten (rot, gelb, grün)
2 Gemüsezwiebeln (geschält etwa 500 g)
6 Knoblauchzehen
10 EL Olivenöl
500 g Schältomaten oder stückige Tomaten (aus der Dose)
Salz
gem. Pfeffer
2 mittelgroße Auberginen (etwa 440 g)
2 mittelgroße Zucchini (etwa 440 g)
1 Zweig Rosmarin
2 Stängel Thymian
Zucker

1. Paprikaschoten halbieren, entstielen, entkernen und die weißen Scheidewände entfernen. Schoten abspülen, abtropfen lassen und in 2–3 cm große Stücke schneiden. Zwiebeln und Knoblauch abziehen. Zwiebeln halbieren und in kleine Würfel schneiden. Knoblauch durch eine Knoblauchpresse drücken.

2. Drei Esslöffel des Olivenöls in einem großen Bräter oder Topf erhitzen. Zwiebelwürfel darin portionsweise etwa 5 Minuten unter Rühren goldgelb anbraten. Paprikastücke und Knoblauch portionsweise hinzugeben und weitere etwa 5 Minuten mitbraten. Schältomaten oder stückige Tomaten hinzugeben. Das Ganze mit etwas Salz und Pfeffer würzen. Die Zutaten bei mittlerer Hitze unter gelegentlichem Rühren etwas sämig bis dickflüssig einkochen lassen.

3. Auberginen und Zucchini abspülen, abtrocknen und die Stängelansätze bzw. Enden abschneiden. Auberginen und Zucchini in 2–3 cm große Würfel schneiden.

4. Restliches Olivenöl in einer großen, weiten Pfanne erhitzen. Die Auberginen- und Zucchiniwürfel darin nacheinander unter Rühren anbraten, mit Salz und Pfeffer würzen. Rosmarin und Thymian abspülen und trocken tupfen. Die Nadeln bzw. Blättchen von den Stängeln zupfen. Nadeln und Blättchen klein schneiden.

5. Die Auberginen- und Zucchiniwürfel sowie die klein geschnittenen Kräuter zum etwas sämig eingekochten Zwiebel-Paprika-Tomaten-Gemisch geben und gut vermengen. Nochmals mit Salz, Pfeffer und etwas Zucker abschmecken.

6. Die heiße Ratatouillemasse sofort randvoll in vorbereitete Gläser füllen. Gläser mit Twist-off-Deckeln® verschließen, umdrehen und etwa 5 Minuten auf den Deckeln stehen lassen. Ratatouille kühl und dunkel stellen.

Passt zu: Schweinenackensteaks und Hähnchenbrustfilets.

Zubereitungszeit: 40 Minuten | Haltbarkeit: kühl und dunkel gestellt mindestens 1–2 Monate | etwa 6 Gläser je 500 ml | Insgesamt: E: 44 g, F: 109 g, Kh: 140 g, kJ: 7269, kcal: 1739, BE: 9,0

EINGELEGTE RÜBCHEN

1 kg weiße Rübchen
1 kg rote Rübchen
Salzwasser
2 TL Kümmelsamen
400 g kleine Zwiebeln
6 Knoblauchzehen
50 g Ingwer
2 TL Pfefferkörner
1 TL Pimentkörner
250 ml Rotwein
750 ml Obstessig
500 ml Wasser
3–4 EL brauner Zucker
4 gestr. TL Salz

1. Die Rübchen vorsichtig unter fließendem kalten Wasser abbürsten, dabei die kleinen Wurzeln nicht abreißen oder abschneiden, da die Rübchen sonst beim Garen ausbluten.

2. Salzwasser in einem großen Topf zum Kochen bringen. Kümmel und die ungeschälten Rübchen hinzugeben. Die Rübchen zugedeckt 30–60 Minuten (je nach Größe) bei schwacher Hitze garen.

3. Dann den Backofen vorheizen. Ober-/Unterhitze: etwa 180 °C, Heißluft: etwa 160 °C.

4. Eine Fettpfanne zur Hälfte mit Wasser füllen und in den Backofen schieben. Den Backofen auf Ober-/Unterhitze: etwa 120 °C, Heißluft: etwa 100 °C herunterschalten.

5. Zwiebeln und Knoblauch abziehen. Zwiebeln zuerst in Scheiben schneiden, dann in Ringe teilen. Knoblauch in Scheiben schneiden. Den Ingwer schälen und ebenfalls in Scheiben schneiden. Pfeffer- und Pimentkörner grob zerstoßen.

6. Rübchen, Zwiebelringe, Knoblauch- und Ingwerscheiben abwechselnd in vorbereitete Gläser füllen.

7. Wein, Essig, Wasser, Pfeffer-, Pimentkörner, Zucker und Salz in einem Topf zum Kochen bringen. Die Flüssigkeit noch heiß über das Rübchen-Zwiebel-Ingwer-Gemisch gießen, sodass die Zutaten bedeckt sind. Die Gläser sofort mit Twist-off-Deckeln® verschließen.

8. Die Gläser in die vorbereitete Fettpfanne stellen. Die Rübchen etwa **35 Minuten einkochen** (sterilisieren).

9. Die Gläser kühl und dunkel stellen. Die eingelegten Rübchen mindestens 3 Wochen bis zum Servieren ziehen lassen.

Passt zu: Steaks und Lammfilets.

Zubereitungszeit: 60 Minuten | Haltbarkeit: kühl und dunkel gestellt 6–9 Monate | etwa 4 Gläser je 750 ml | Insgesamt: E: 41 g, F: 4 g, Kh: 259 g, kJ: 6378, kcal: 1531, BE: 20,0

CURRYSAUCE MIT CURRYWURST
IM GLAS

Für die Currysauce:
300 ml Wasser
3 geh. TL Currypulver, indisch
2 TL brauner Zucker
1 TL Paprikapulver rosenscharf
1 TL Sambal Oelek
1 l guter Tomatenketchup

10 Rostbratwürstchen (vorgebrüht)
2 Frühlingszwiebeln
3 EL Speiseöl, z. B. Rapsöl
Salz
gem. Pfeffer

1. Für die Currysauce Wasser mit Curry, Zucker, Paprika und Sambal Oelek in einem Topf zum Kochen bringen. Den Topf von der Kochstelle nehmen und den Ketchup unterrühren. Die Currysauce nochmals unter ständigem Rühren kurz aufkochen lassen.

2. Die Bratwürstchen in 1–1 ½ cm dicke Scheiben schneiden. Frühlingszwiebeln putzen, abspülen, abtropfen lassen und in Scheiben schneiden.

3. Eine Fettpfanne zur Hälfte mit Wasser füllen und in den Backofen schieben. Den Backofen vorheizen. Ober-/Unterhitze: etwa 120 °C, Heißluft: etwa 100 °C.

4. Speiseöl in einer großen Pfanne oder einem Bräter erhitzen. Die Bratwurstscheiben darin in 2–3 Portionen von beiden Seiten 3–4 Minuten kräftig anbraten. Frühlingszwiebelscheiben hinzugeben und kurz mit anbraten. Das Ganze vorsichtig mit Salz und Pfeffer würzen.

5. Die Bratwurstscheiben mit den Frühlingszwiebelscheiben sofort in vorbereitete Gläser geben. Die noch heiße Currysauce darauf verteilen, sodass die Bratwurstscheiben gut bedeckt sind. Die Gläser sofort mit Twist-off-Deckeln® verschließen.

6. Die Gläser in die vorbereitete Fettpfanne stellen. Die Currywurst **etwa 35 Minuten einkochen** (sterilisieren).

Zubereitungszeit: 20 Minuten | Haltbarkeit: kühl und dunkel gestellt mindestens 3 Monate | etwa 5 Gläser je 440 ml (6–8 Portionen) | Pro Glas: E: 35 g, F: 60 g, Kh: 53 g, kJ: 3713 kcal: 887, BE: 4,5

TIPP Die Currywurst aus dem Glas lässt sich schnell im Topf erwärmen, wenn der Grill erst noch richtig zum Glühen gebracht werden muss. Das Rezept eignet sich gut, um die „Bratwurstreste" der letzten Grillparty zu verarbeiten. Würzig in der Currysauce eingelegt, schmeckt die Bratwurst im Winter noch mal so gut.

MALZBIER-KRÄUTER-MARINADE
(IM FOTO RECHTS)

200 ml Malzbier
2 EL mittelscharfer Senf
12 EL Speiseöl (z. B. Rapsöl)
50 g gemischte TK-Kräuter
Salz
gem. Pfeffer

1. Malzbier mit Senf, Öl und Kräutern verrühren, mit Salz und Pfeffer würzen.

2. Die Fleischstücke in eine flache Schale oder Form legen, die Marinade darüber verteilen und zugedeckt im Kühlschrank 1–2 Stunden marinieren. Das Fleisch nach der Hälfte der Marinierzeit einmal wenden.

Passt zu: Schweine-Nackensteaks, Nackenkoteletts.

Zubereitungszeit: 10 Minuten | Marinierzeit: 1–2 Stunden |
für 8–10 Fleischstücke (etwa 2 kg) | Insgesamt (für die Marinade): E: 6 g, F: 122 g, Kh: 26 g, kJ: 5126, kcal: 1224, BE: 2,0

ORIENTALISCHE MARINADE
(IM FOTO LINKS)

4 Knoblauchzehen
8 EL Sojasauce
4 EL flüssiger Honig
175 ml schwarzer Tee oder Kaffee
1–2 TL gem. Zimt
gem. Pfeffer

1. Knoblauchzehen abziehen und sehr fein hacken oder durch die Knoblauchpresse drücken.

2. Sojasauce, Honig, Tee oder Kaffee, Zimt und Knoblauch verrühren, mit Pfeffer würzen.

3. Die Fleischstücke in eine flache Schale oder Form legen, die Marinade darüber verteilen und zugedeckt im Kühlschrank 1–2 Stunden marinieren. Das Fleisch nach der Hälfte der Marinierzeit einmal wenden.

Passt zu: Schweinekoteletts, Schweinesteaks und Hähnchenbrustfilets.

Zubereitungszeit: 10 Minuten | Marinierzeit: 1–2 Stunden |
für 8–10 Fleischstücke (etwa 2 kg) | Insgesamt (für die Marinade): E: 12 g, F: 6 g, Kh: 72 g, kJ: 1608, kcal: 384, BE: 6,0

VITAMINMARINADE
(IM FOTO LINKS)

4 EL brauner Zucker
Saft und abgeriebene Schale von 2 Bio-Limetten (unbehandelt, ungewachst)
Saft und abgeriebene Schale von 6 Bio-Orangen (unbehandelt, ungewachst)
2 TL gem. Ingwer, 1 TL Chilipulver
2 Knoblauchzehen
1 EL gehackte Basilikumblätter
1 TL gehackte Minzeblätter
4 TL helle Sojasauce
200 ml Olivenöl

1. Zucker in einem Topf goldgelb karamellisieren. Mit Zitrussaft ablöschen. Ingwer und Chili zugeben, etwa 20 Minuten einkochen lassen. Knoblauch abziehen und zerdrücken.

2. Zitrusschale, Knoblauch, Basilikum, Minze und Sojasauce zur Kochflüssigkeit geben. Öl einrühren und Marinade erkalten lassen.

3. Die Fleischstücke in eine flache Schale legen, die Marinade darüber verteilen. Zugedeckt im Kühlschrank 2–3 Stunden marinieren, nach der Hälfte der Marinierzeit das Fleisch einmal wenden.

Passt zu: Hähnchenbrustfilet oder Putenschnitzeln.

Zubereitungszeit: 20 Minuten (ohne Koch- und Abkühlzeit) | Marinierzeit: 2–3 Stunden | Für 8–10 Fleischstücke (etwa 2 kg) | Insgesamt (für die Marinade): E: 12 g, F: 204 g, Kh: 176 g, kJ: 10970, kcal: 2620, BE: 15

PFEFFERKUCHENMARINADE
(IM FOTO RECHTS)

2 rote Zwiebeln
3 TL Pfefferkuchengewürz
1 TL gem. Ingwer
1 TL gem. Piment
1 TL rote Pfefferbeeren
2 Sternanis
1 Stange Zimt
2 TL Zucker
750 ml halbtrockener Rotwein

1. Zwiebeln mit Schale grob würfeln. Die Gewürze in einem Topf 3–4 Minuten trocken anrösten (die Aromen entfalten sich besser) und die gewürfelten Zwiebeln zugeben. Weitere etwa 5 Minuten trocken mitrösten. Zucker daraufstreuen, etwas karamellisieren lassen und mit Rotwein ablöschen. Alles etwa 25 Minuten köcheln lassen. Die Marinade erkalten lassen.

2. Die Fleischstücke in eine flache Schale legen, die Marinade darüber verteilen. Das Fleisch zugedeckt im Kühlschrank etwa 1 Tag marinieren, nach der Hälfte der Marinierzeit einmal wenden.

Passt zu: Lammfleisch.

Zubereitungszeit: 10 Minuten (ohne Koch- und Abkühlzeit) | Marinierzeit: etwa 1 Tag | Für 8–10 Fleischstücke (etwa 2 kg) | Insgesamt (für die Marinade): E: 4 g, F: 2 g, Kh: 39 g, kJ: 2595, kcal: 618, BE: 3,0

HEISS & SÜSS

PUNSCH UND GRILLFRÜCHTE, DAS BESTE FÜR ZWISCHENDURCH UND FÜRS FINALE

GEGRILLTER BRATAPFEL

MIT DOMINOSTEINEN

8 säuerliche Äpfel (z. B. Boskop)
24 Dominosteine
80 g Butter
etwas gem. Zimt

8 Stück Alufolie
etwas Butter

1. Die Äpfel abspülen, abtrocknen und mit einem Apfelausstecher die Kerngehäuse entfernen. Die Schale rundherum etwa 5 mm tief einschneiden, damit die Äpfel nicht ungleichmäßig aufplatzen beim Grillen.

2. Je drei Dominosteine in die Öffnung der Äpfel stecken (die Dominosteine evtl. vorher grob hacken).

3. Alufolie auf der Arbeitsfläche auslegen und mit etwas Butter bestreichen. Die gefüllten Äpfel jeweils in die Mitte der Alufolie setzen. Butter achteln, je ein Butterstück auf einen Apfel legen. Die Äpfel mit etwas Zimt bestreuen.

4. Die Folie gut verschließen und auf dem Grillrost des heißen Grills im Randbereich etwa 45 Minuten grillen. Nach jeweils 15 Minuten die Äpfel etwa ein Drittel um ihre eigene Achse drehen, damit sie von allen Seiten gleichmäßig garen.

5. Anschließend die Folie von oben öffnen und den Bratapfel einfach herauslöffeln.

Zubereitungszeit: 30 Minuten | Grillzeit: etwa 45 Minuten |
8 Portionen | Pro Portion: E: 3 g, F: 17 g, Kh: 43 g, kJ: 1427, kcal: 341, BE: 3,5

TIPPS Zimt kann durch Lebkuchengewürz ersetzt werden. Nach dem Öffnen jeweils einfach ein kleines Löffelchen Crème fraîche auf den Äpfeln schmelzen lassen.

GRILLBIRNE IN ZIMTBUTTER

10 feste, nicht zu reife Birnen
(z. B. Williams Christbirnen,
je etwa 250 g)
3 l Wasser
300 ml Weißwein
90–100 ml Zitronensaft
100 g Zucker

150 g Butter (zimmerwarm)
½ TL gem. Zimt
30 g Zucker

etwa 1 kg Walnuss-Eis

Außerdem:
10 Bögen Alufolie

1. Die Birnen abspülen, abtrocknen, längs halbieren, mit einem Kugelausstecher die Kerngehäuse entfernen und die Blütenansätze herausschneiden.

2. Wasser in einem großen Topf zum Kochen bringen. Weißwein, Zitronensaft und Zucker unterrühren. Die Birnenhälften portionsweise in dem kochenden Sud etwa 5 Minuten garen. Dann die Birnenhälften in einem Sieb abtropfen lassen.

3. Die Butter mit dem Zimt und dem Zucker verrühren. Jeweils 2 Birnenhälften auf einen Bogen Alufolie setzen, jeweils mit etwas Zimtbutter bestreichen und in der Alufolie einwickeln.

4. Die Birnenpäckchen auf den gefetteten Grillrost des heißen Grills legen und 30–40 Minuten grillen.

5. Zum Servieren die Birnenpäckchen öffnen, die Birnenhälften mit der restlichen Zimtbutter bestreichen und mit dem Walnuss-Eis servieren.

Zubereitungszeit: 40 Minuten | Grillzeit: 30–40 Minuten | 10 Portionen | Pro Portion: E: 6 g, F: 29 g, Kh: 58 g, kJ: 2153, kcal: 515, BE: 5,0

Tipp: Anstelle von Williams Christbirnen, können Sie auch andere festfleischige Birnen verwenden.

FEUERZANGEN-BOWLE
(FOTO)

2 Bio-Orangen
(unbehandelt, ungewachst)
5 Gewürznelken
½ Stange Zimt
2 l trockener Rotwein
1 Zuckerhut
etwa 250 ml Rum (mind. 54 Vol. %)

1. Orangen heiß abwaschen, abtrocknen und so schälen, dass die weiße Haut mit entfernt wird. Orangen in kleine Stücke schneiden, dabei den Saft auffangen. Nelken mit Zimtstange in einen Einmal-Teebeutel geben. Rotwein mit Orangenstücken, aufgefangenem Saft und Teebeutel in einem Topf erhitzen, aber nicht kochen.

2. Den Teebeutel herausnehmen. Den Rotwein in ein hitzebeständiges Feuerzangenbowle-Gefäß umfüllen und auf einem Rechaud heiß halten. Den Zuckerhut auf einer Feuerzange über das Feuerzangenbowle-Gefäß legen.

3. Den Rum nach und nach mit einem Löffel auf den Zuckerhut träufeln, bis der Zuckerhut vollständig mit Rum getränkt ist. Den Zuckerhut vorsichtig anzünden. Den Zucker restlos in die Bowle tropfen lassen und die Bowle heiß servieren.

Zubereitungszeit: 20 Minuten |
10 Portionen | Pro Portion: E: 1 g, F: 0 g, Kh: 32 g, kJ: 1104, kcal: 263, BE: 2,5

ROTER LÖWE

2 Bio-Orangen
(unbehandelt, ungewachst)
2 EL Zucker
500 ml starker schwarzer Tee
1 l Rotwein
2 Prisen gem. Gewürznelken
500 ml Johannisbeerlikör

1. Die Orangen heiß abwaschen und abtrocknen. Von einer Orange die Schale in dünnen Streifen abschneiden. Orangen halbieren. Saft auspressen.

2. Orangensaft mit Zucker, Tee, Rotwein und Gewürznelken in einem Topf erhitzen, aber nicht kochen lassen.

3. Dann den Johannisbeerlikör hinzugeben und miterwärmen, aber nicht aufkochen. Das Getränk in hitzebeständige Gläser oder Tassen füllen, jeweils einige Orangenschalenstreifen hineingeben und servieren.

Zubereitungszeit: 30 Minuten |
8–10 Portionen | Pro Portion: E: 0 g, F: 0 g, Kh: 25 g, kJ: 1111, kcal: 265, BE: 2,0

KINDERPUNSCH
(IM FOTO RECHTS)

2 l Obstsaft (z. B. Apfel-, Kirsch- oder Orangensaft)
1 EL flüssiger Honig
½ TL gem. Zimt
1 Msp. gem. Nelken
2 EL Zitronensaft

1. Den Obstsaft in einem Topf bei mittlerer Hitze zum Kochen bringen und den Topf anschließend von der Kochstelle nehmen.

2. Honig, Zimt, Nelken und Zitronensaft unterrühren. Den Punsch etwa 5 Minuten ziehen lassen.

3. Den Punsch evtl. nochmals mit den Gewürzen abschmecken und danach in 8 Tassen oder Punschgläser füllen. Den Kinderpunsch warm servieren.

Zubereitungszeit: 15 Minuten |
8 Portionen | Pro Portion: E: 1 g, F: 0 g, Kh: 30 g, kJ: 565, kcal: 135, BE: 2,5

SCHNELLE HEISSE SCHOKOLADE
(IM FOTO LINKS)

200 g Edel-Vollmilch oder Zartbitter-Schokolade
2 l Milch (3,5 %)

1. Die Schokolade in Stücke brechen. Die Schokoladenstücke mit der Milch in einen Topf geben und unter Rühren erwärmen, bis die Schokolade geschmolzen ist. Die Schokoladenmilch erhitzen, aber nicht kochen lassen.

Zubereitungszeit: 15 Minuten |
8–10 Portionen | Pro Portion: E: 9 g, F: 16 g, Kh: 21 g, kJ: 1096, kcal: 262, BE: 1,5

TIPPS

Je nach Süße der Schokolade die heiße Schokolade noch mit etwas Zucker und gemahlenem Zimt abschmecken. Nach Belieben die heiße Schokolade mit geschlagener Sahne und Raspelschokolade garniert servieren.

TIPPS RUND UMS WINTERGRILLEN

Während wir im Sommer zum Grillen auf regenfreie Tage und laue Sommernächte hoffen, können Sie im Winter gleich anders planen. Eines jedoch sollten Sie an den warmen Tagen nicht vergessen: Legen Sie bereits im Sommer einen Vorrat an Holzkohle bzw. Holzbriketts an. Diese sind noch typische Sommerartikel und im Winter im Supermarkt oder Baumarkt in der Regel nicht zu bekommen. Damit Sie und Ihre Gäste nicht frieren und alle das gesellige Beisammensein genießen können, denken Sie vorab an Wärmequellen, z. B. in Form von Lagerfeuer, Wärmepilzen, Decken und heißen Getränken. Thermoskannen® halten dabei die Getränke warm und Thermobehälter das Gegrillte. Auf vorgewärmten Tellern kühlt das Gegrillte nicht so schnell aus. Stehtische, Campingtische und Biergartengarnituren sind schnell aufgebaut und sorgen dafür, das genügend Abstellfläche für Geschirr und Getränke vorhanden ist. Mit Windlichtern oder einer Lichterkette können Sie den Grillplatz romantisch beleuchten. Der „Grillmeister" sollte auf jeden Fall ausreichend Licht haben, um das Grillgut nicht anbrennen zu lassen. Und auch Ihre Gäste kommen auf gut ausgeleuchteten Wegen sicher zum Grillplatz und wieder zurück.

Der Grillplatz

Suchen Sie sich zum Grillen einen Platz aus, der vor Wind, Schnee und Regen geschützt ist.
Der nicht entflammbare Untergrund für den Grill muss ebenerdig sein, damit der Grill festen Stand hat und nicht umkippen kann.

Der Grill

Achten Sie bereits beim Kauf darauf, dass der Grillrost höhenverstellbar ist. So kann die Hitzezufuhr reguliert werden und das Grillgut bei unterschiedlichen Temperaturen garen.
Wichtig ist ein Windschutz am Grill, damit nicht schon beim kleinsten Windhauch Funken oder Aschepartikel umherfliegen.
Einen zweiten Grill bereitzustellen, kann sehr hilfreich sein, wenn Sie viele Grillgäste erwarten. Er kann zum Einsatz kommen, wenn der erste Grill nicht mehr genug Hitze abgibt oder Sie eine zusätzliche Möglichkeit zum Warmhalten brauchen.
Für welchen Grill Sie sich entscheiden, hängt von Ihren persönlichen Vorstellungen ab. Der Holzkohlegrill ist immer noch am beliebtesten, dabei geht der Trend zum verschließbaren Kugelgrill. Ein Schwenkgrill ist ideal, wenn Sie größere Grillmengen auf einmal zubereiten möchten. Außerdem können Sie am Dreibein des Schwenkgrills auch einen Kesseltopf anhängen und Suppen über dem offenen Feuer kochen. Ein Gasgrill hat den Vorteil, dass er sofort einsatzbereit ist und das Vorheizen entfällt.

Die Grillglut

Planen Sie im Winter auf Grund der kälteren Temperaturen etwas mehr Holzkohle oder Holzbriketts bzw. Gas ein. Kalkulieren Sie ausreichend Zeit zum Vorheizen ein, bis die perfekte Grillglut erreicht ist.
Verwenden Sie zum Anzünden der Holzkohle einen Anzündkamin oder Sicherheitsbrennpaste bzw. Sicherheitsanzünder.
Beachten Sie in jedem Fall die entsprechende Herstelleranleitung.
Optimal ist es, verschiedene Heizzonen im Grill anzulegen. Eine sehr heiße Zone zum Anbraten des Grillgutes. Hier wird die meiste Kohle zum Glühen gebracht. In der Mitte wird eine Schicht Grillkohle bereitgehalten, auf der das Grillgut gegart wird. Auf der anderen Seite des Grills sollte nur ganz wenig oder gar keine Kohle liegen, denn die glühende Kohle vom Rest des Grills strahlt in der Regel genügend Wärme ab, um das fertig Gegrillte warm zu halten.
Die Holzkohle bzw. die Grillbriketts sind genügend durchgeglüht, wenn sie von einer leichten weißen Ascheschicht überzogen sind. Die Hitze ist dabei um so stärker, je dichter die Glut liegt.

Das Grillen

Den Grillrost auf jeden Fall vor dem Grillen einfetten. Am besten geht dies mit einem mit Speiseöl getränktem Küchenpapier, so bleibt das Grillgut nicht am Rost kleben.
Besonders Fisch und Gemüse sollten in mit Speiseöl bestrichenen Alu-Grillschalen oder auf Alufolie gegrillt werden. Die Garzeiten verlängern sich dabei kaum. Generell können Sie jedoch jedes Grillgut in Alu-Grillschalen oder auf Alufolie grillen.
Damit wird verhindert, dass Fleischsaft und Fett in die Glut tropfen und sich der dadurch aufsteigende, gesundheitsschädliche Rauch an der Oberfläche der Lebensmittel festsetzt.
Wird das Grillgut längere Zeit gegrillt (15–30 Minuten), sollte es auf dem Grillrost möglichst weit hoch gesetzt werden, damit es nicht zu stark bräunt, bevor es gar ist.
Das Grillgut immer mit etwas Abstand auf den Grillrost legen, so lassen sich Steaks und Spieße einfacher wenden.

Was sonst noch wichtig ist

Grillhandschuhe schützen im Winter nicht nur vor der Grillhitze, sondern auch vor der Kälte.
Die Grillschürze schützt natürlich auch im Winter Ihre Kleidung vor Fettspitzern.
Eine lange Grillzange ist vor allem bei größeren Grills ein Muss, um das Grillgut im hinteren Teil des Grills zu wenden. Fleischgabeln sind zum Wenden des Grillguts ungeeignet. Beim Einstechen läuft der Fleischsaft aus und das Steak wird trocken oder das Fett spritzt aus – es kann eine Stichflamme geben.
Der entstehende Rauch ist in keinem Fall der Gesundheit zuträglich. Angebranntes gehört nicht mehr auf den Teller.
Stellen Sie das Grillgut im Winter bei Zimmertemperatur bereit. Lassen Sie es nicht zu lang in der Kälte stehen. Gerade bei Minustemperaturen kann es dann anfrieren. Der Grillprozess dauert viel länger bzw. der Holzkohleverbrauch wird größer als vorher geplant.

Nach dem Grillen

Der warme Grill eignet sich natürlich noch als Wärmequelle.
Ist das Grill-Event vorbei, den Grill und die Asche vollständig über Nacht erkalten lassen und erst dann entsorgen.
Muss es schneller gehen, dann die Glut mit Sand ablöschen.

IMPRESSUM

Für Fragen, Vorschläge oder Anregungen stehen Ihnen der Verbraucherservice der Dr. Oetker Versuchsküche Telefon: 00800 71 72 73 74 Mo.–Fr. 8:00–18:00 Uhr, Sa. 9:00–15:00 Uhr (gebührenfrei in Deutschland) oder die Mitarbeiter des Dr. Oetker Verlages Telefon: +49 (0) 521 52 06 51 Mo.–Fr. 9:00–15:00 Uhr zur Verfügung.
Oder Sie schreiben uns: Dr. Oetker Verlag KG, Am Bach 11, 33602 Bielefeld. Oder besuchen Sie uns online unter www.oetker-verlag.de, www.facebook.com/Dr.OetkerVerlag oder www.oetker.de.

Umwelthinweis
Dieses Buch und der Einband wurden auf chlorfrei gebleichtem Papier gedruckt. Die Einschrumpffolie – zum Schutz vor Verschmutzung – ist aus umweltfreundlichem und recyclingfähigem PE-Material.

Redaktion
Andrea Gloß

Titelfoto
Thomas Diercks, Hamburg

Innenfotos
Walter Cimbal, Hamburg (S. 93–100, 104)
Thomas Diercks, Hamburg (S. 4, 28, 70, 77, 78)
Ulli Hartmann, Halle/Westf. (S. 47, 79, 90)
Janne Peters, Hamburg (S. 84)
Antje Plewinski, Berlin (S. 89, 91)
Hans-Joachim Schmidt, Hamburg (S. 10, 52, 86)
Axel Struwe, Bielefeld (S. 6, 8, 9, 12, 14–26, 30–34, 38–46, 49, 50, 54–68, 71–76, 80–82, 103, 106–123)
Brigitte Wegner, Bielefeld (S. 89)
Winkler Studios, Bremen (S. 36)

Rezeptentwicklung und -beratung
Gerhard Ruhle, Zenting
Olaf Brummel, Bielefeld

Foodstyling
Olaf Brummel, Bielefeld

Nährwertberechnungen
Nutri Service, Hennef

Grafisches Konzept und Satz
FUCHS_DESIGN, Sabine Fuchs, München

Titelgestaltung
küstenwerber, Hamburg

Reproduktionen
Longo AG, Bozen, Italien

Druck und Bindung
Firmengruppe APPL, aprinta Druck, Wemding

ISBN: 978-3-7670-0818-2